财富的脉络

贺鸣轩·著

中国财富出版社

图书在版编目（CIP）数据

财富的脉络：幸福人生22条金律/贺鸣轩著．—北京：中国财富出版社，2015.3

（华夏智库·金牌培训师书系）

ISBN 978-7-5047-5503-2

Ⅰ.①财…　Ⅱ.①贺…　Ⅲ.①成功心里-通俗读物　Ⅳ.①B848.4-49

中国版本图书馆CIP数据核字（2014）第285598号

策划编辑	黄　华	**责任印制**	方朋远
责任编辑	戴海林　吴伊文	**责任校对**	饶莉莉

出版发行	中国财富出版社		
社　　址	北京市丰台区南四环西路188号5区20楼　**邮政编码**　100070		
电　　话	010-52227568（发行部）		010-52227588转307（总编室）
	010-68589540（读者服务部）		010-52227588转305（质检部）
网　　址	http：//www.cfpress.com.cn		
经　　销	新华书店		
印　　刷	北京京都六环印刷厂		
书　　号	ISBN 978-7-5047-5503-2/B·0420		
开　　本	710mm×1000mm　1/16	**版　　次**	2015年3月第1版
印　　张	19.75	**印　　次**	2015年3月第1次印刷
字　　数	283千字	**定　　价**	39.80元

前 言

在我们的身边，有那么多出色的人，一样的年龄，一样的学历，为什么有些人似乎并不很费劲就能够成就一番事业，拥有无尽的财富；而有些人忙忙碌碌却只能维持生计？很多富人也不是天生就富甲一方，而很多穷人并非天生就一文不名，为什么长大后却差距悬殊呢？难道命运真是天注定吗？如果天才或成功是先天就注定的，那为什么世上被称为天才的人，又远远多过实际上成就天才事业的人呢？

其实，每个人的命运都掌握在自己手里，生活中之所以会有种种差距，根源在于是否掌握了财富的脉络。不管天赋、家庭、教育、经历、生活方式有着怎样的差异，掌握财富的脉络都是我们每个人改变命运的关键力量，无时无刻不在我们的生命中发挥着巨大的作用。

财富的脉络是大器之本，是精英之基，是机遇之根，是创业之魂；作为一种成功的法则，它能缔造出每个人人生的无限可能；作为一种财富的能源，它能传递神奇的正能量，铸造中华民族伟大的复兴之梦。财富脉络的具体体现就是——没有任何借口。

国内成功学权威陈安之老师说：“成功与借口永远不会在一起，选择成功就要没有借口，选择借口就不会有成功。”

我们经常可以听到这样或那样的借口。借口在我们的耳畔窃窃私语，告诉我们不能做某事或做不好某事的理由，事情做砸了有借口，任务没完成有借口……只要有心去找，借口无处不在。在借口中，抱怨、推诿、迁怒、愤世嫉俗成了最好的解脱。

如果一个人养成找借口的习惯，那么他将失去责任感和力量，即使是不怎么难完成的任务也难以完成。这样的人不可能有真正成功的人生。

而当你不去找任何借口时，就意味着你比别人有更多深入思考的时间，去改正过去的错误，去熟悉你的工作，去设想你的未来；利用这些时间，你还可以养精蓄锐、蓄势待发。

当你不去找任何借口时，就意味着你可以全力以赴地做事，没有杂念，这样你就会比别人多更多成功的机会。

当你不去找任何借口时，意味着你可以更好地挖掘自身的潜力，做别人不能做的事情。你再也不会为工作中出现的问题而沮丧，反而可以高效能地完成任务、实现目标，建立杰出的团队，取得非凡的成就。

本书就是帮助你掌握财富脉络的金钥匙，全方位地阐述了掌握财富脉络的内涵、价值、意义以及与掌握财富脉络相关的各种小秘诀。翻开此书，在多个真实案例和寓言式的故事当中，眼界大开，获益匪浅。

无论你现在是处于人生的低谷中落魄忧虑，还是站在成功的高地上风光欣喜；无论你站在怎样的角度：个人或是团队，领导或是员工，男人或是女人，学生或是家长，此书都能给你以启发。让你能够对自我、对他人、对社会的发展进步的内在脉络有更深入全面的认识，像自己手掌的纹路一样熟悉，帮助你克服艰难和险阻，支持你经受住大风大浪，所向披靡，驶进理想的港湾，拥有巨大的财富、长久的幸福、丰硕的成就、辉煌的人生！

作　者

2014 年 11 月

目　录

第一章

主动人生成大器

上帝不会让你白费力气

“因果法则”是由著名哲学家苏格拉底提出的。他说：“任何一件事的成功或失败都不是偶然性，而是有着一定的因果关系的必然性。”即每件事情的发生、每个结果的产生都有其特定原因。这个法则非常深奥且具极大的影响力，纵观大自然与人类社会的万事万物，今天所呈现出来的样子，都是昨天种下的“因”所收获的“果”。因此人们也将其称之为永恒定律。

心理学家将其归纳为：种瓜得瓜，种豆得豆，种下什么样的因，就得到什么样的果。也就是说：在人生路上，只要你为自己的理想付出了努力，上帝就不会让你白费力气。

在生活中，很多人害怕出力了没有结果，害怕付出了没有收获；其实，勤劳是收获的基础，付出是得到的前提。没有辛勤的劳动，不经过努力耕耘，就不会有丰硕的收获。伟大的成绩和辛勤的劳动是成正比的，有一分劳动就有一分收获。日积月累，从少到多，任何奇迹都可以创造出来。

布朗先生是一位美籍犹太人，1912 年出生。20 世纪初，他的父母为了逃避沙俄对犹太人的迫害，逃亡到美国，生下了他。不幸的是，布朗尚未读完初中，父亲便英年早逝，他不得不中途辍学，到社会上打工维持家庭生活。布朗与其他犹太人一样，生活的艰难阻挡不住他求学的决心，他边工作边自学，直到上了大学。美国的大学是实行学分制的，布朗采取对各门课程逐个击破的办法，用 6 年时间读完了大学的必修课程，考试全部获得优秀成绩。

不管自修中学课程还是攻读大学学科，布朗的学习环境都是极端恶劣的。他白天打工，晚间除了用4～5个小时睡觉外，其余时间均用于学习。

布朗在学有所成后，集中精力研究化学，后来被聘为普渡大学的化学系教授。他在从教工作中，更深入钻研，先后发明了还原剂乙硼烷的简化合成法和另一种重要含硼还原剂氢硼化钠。接着，他深入研究，于1967年发现有机硼化物不但可以作为高选择性硼氢加成反应的试剂，而且可以用来合成多种有机化合物，使有机硼烷成为有机化学中用途最广泛的试剂之一。这一发现，使化学研究有了新突破，为人类的发展作出了贡献。所以，布朗在1979年获得了诺贝尔化学奖。

布朗一生研究不止，获得众多殊荣和奖励。他先后发表了700多篇有重要价值的论文，出版了4部有国际影响的专著。他谈及自己的成功时说："我取得的成绩是刻苦学习和钻研的结果。"

《庄子·逍遥游》中有这样一段话："水之积也不厚，则其负大舟也无力""风之积也不厚，则其负大翼也无力"。没有平日辛勤的劳动，没有充分的准备与积累，怎么能奢望取得成功呢?

成大事者都懂得"上帝不会让人白费努力"的道理，因为春种秋收，一分耕耘一分收获，是自然界的发展规律，也是成就事业的铁律。只想享受，不知勤奋，必将成为人生成就的绊脚石，这也是人所共知的。

我们常遇到一些人，如果他们的产品、服务或想法没能立即引起公众的积极反应，他们就会觉得非常失落，认为自己努力的多，得到的少。我们也常遇到一些人，如果他们一旦受挫就抱怨自己的努力付诸东流了，因而热情不再，一蹶不振，结果前功尽弃。这些人并不明白一个简单的事实：死胡同就是现实生活的一部分。如果你知道某件事行不通，其实这也是一种财富，起码你会在成功的道路上排除这个失败的选择。

对于失败，我们应该清醒地意识到，除非你自己放弃，否则失败不会降临。苦难随时都会遇到，会促使你从中吸取经验教训，改变策略。

乔治·萧伯纳说：“年轻时，我发现自己做的十件事中有九件都会以失败而告终。我不想做个失败者，于是便努力做一百件事。”

因此，无论你是打算在目前所在的公司大显身手，还是决定开创自己的事业，都要时刻准备好努力工作，并坚持不懈，直到梦想实现。虽然这个过程有时候可能比你想象得要长，但是，韦伯斯特花了三十六年才编纂出第一版《韦伯斯特词典》；吉朋花费了二十六年才写成了《罗马帝国衰亡史》……无数成功者都付出了超于常人的耐心和努力，才收获了甜美的果实。在我们这个人才济济的社会中，要想脱颖而出不是一件容易的事情。你要加强自己的意志，与别人争时间，比别人付出更多的勤劳。这样，才有生活继续下去的有力后盾，才有生命里的优质保证，才有人生中积累财富的关键。

如果你已经尽了力，却没有取得明显成效，那该怎么办呢——坚持努力，你的工夫不会白费。

雅格·瑞斯是名记者，同时也是一位社会改革者，几十年来他一直在为改善纽约贫困人口的生活而四处奔波。他向每一个愿意聆听的人宣传自己的观点，事业没有进展的时候，他也会感到失望沮丧。每当遇到这种情况，瑞斯说：“事情毫无进展的时候，我会去看石匠开凿巨石。或许他凿了一百下，石头却纹丝不动；然而，凿第一百零一下的时候，石头却应声劈为两半。我知道，把石头劈开的并不是最后一下，而是这一百零一下的合力。”

正如爱迪生所说：“天才等于百分之九十九的汗水加百分之一的灵感。”凡事要成功，必须经过艰苦的奋斗，勤劳不息。没有做不好的事，只有不愿做的事，如果你永远保持勤奋的工作状态，你就会脱颖而出，看到胜利的曙光。“春来播下一颗籽，夏天发了一棵芽。”请相信这一点：上帝从不会让你白费工夫，现在勤勉播下的种子，未来就会掘出丰硕的果实。

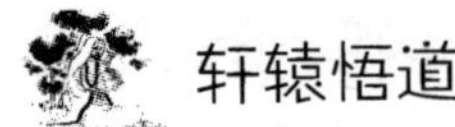

轩辕悟道

任何一件事的成功或失败都不是偶然的，而是有着一定的因果关系的必然性，即每件事情的发生、每个结果的产生都有其特定原因。这个法则非常深奥且具极大影响力，纵观大自然与人类社会的万事万物，今天所呈现出来的样子，都是昨天种下的“因”所收获的“果”。因此人们也将其称之为永恒定律。

永葆工作激情

激情是一个人工作的动力之源，它能够使人保持高度的自觉，把全身的每一个细胞都激活起来，完成他心中渴望的事情；激情是走向成功的加速器，它能够使一个人的生命时刻处于锐意进取的状态当中。在工作中，你能有多大的工作激情，决定了你会拥有多大的收获。

每一项改变人类生活的发明、每一幅精美的书画、每一尊震撼人心的雕塑、每一首伟大的诗篇以及每一部让世人惊叹的小说等一切最好的劳动成果无不是葆有工作激情的人完成的。

一个没有工作激情的人，往往只是为了勉强完成职责，那么，他做起事来就会马马虎虎，稍遇困难就会打退堂鼓。试想，这样的人又怎能始终如一高质量地完成自己的工作，做出创造性的业绩呢?

美国经济学家罗宾斯认为，一个人如果没有工作热情，那么他的价值就是零。

许多人在刚刚踏入职场之初，干劲十足、激情高涨，对自己的职业前途寄予厚望，但用不了多长时间，工作的平淡就会磨平他们的工作激情，他们就会觉得自己像个机器人，每天重复着单调的动作，处理着枯燥的事物。他们每天想的不是怎样提高工作效率，提升自己的业绩，而是盼望着能早点下班，期望着上司不要把困难的工作分配给自己。

每当工作中出现不顺心的事，就会“鼓励”自己换个工作环境，然而每一次跳槽的结果都不尽如人意。要想摆脱职业困境，跳出这一怪圈，其实缺少的不是薪水与职位，而是工作的激情。由于缺乏工作激情，他们就不能使自己的全部身心都投入到工作中去，也就难以得到成长和发展的机会，无论做什么工作，都只会沦为平庸之辈。

有着本科文凭和财务工作经验的金茗，辞去一家单位财务会计的职务，满以为在深圳可以找到一份公务员或者合资企业会计的差事。没想到整整一个月的时间里，跑遍了好几百家单位，她都没能如愿以偿。眼看身上的钱不多了，她就降低身价，去一家韩国电子厂做了一名清洁工。虽然工资不怎么高，但她还是努力从工作中寻找乐趣。尽管一天的工作很辛苦，她还是乐得哼着小曲，带着热情和活力去上班。

金茗凭着财务工作者特有的细致，把办公大楼的每一个地方都擦拭得干干净净。总经理视察时，注意到了她认真负责的态度，并赞扬了她。半年后，公司招聘财务人员，金茗前去应聘。恰好在总经理面前，她叙述了自己以前的经历和未来的心愿。总经理凭她在做清洁工时认真负责的态度和她的专业基础，聘任她做公司的财务人员。

回到专业相关的工作岗位上，金茗仍旧保持认真的态度和快乐的激情，终于为自己赢得了发展的机会。不到三年的时间，她就当上了公司的财务总监。

工作激情就是敬业精神，富有工作激情的人是敬业的典范。这种精神不仅是一种情感，更是一种道德追求和人生信念。每个公司的老板也都会欣赏葆有工作热情的员工，我们也都信赖并尊敬这样的人。凡是那些在我们看来事业已经达到巅峰的人，最大的共同点就是都对自己所做的工作怀抱热情。

比尔·盖茨说："每天早晨醒来，一想到所从事的工作和所开发的技术将会给人类生活带来的巨大影响和变化，我就会无比兴奋和激动。"他的热情感染了微软，也感染了整个世界。股神巴菲特在谈到自己的生活时说："每天早晨我都是跳着下床。我跳着踢踏舞去工作。我正在享受美好的时光。我生活中的一切都金不换。"对于他来说，工作是一件令人开心的事情，始终保持快乐的工作激情，是每日不变的常态。

工作激情使人产生成就感，也会使自己做的事情效果加倍。正是因为工作激情，才造就了种种的卓越。爱默生曾经说过："没有激情，就没有任何事业可言。"如果你对工作不能永葆激情，你就不可能把工作做得产生质的飞跃。

那么，怎样才能葆有工作激情呢？

（1）改正观念。兴趣的确很重要，但不是只有兴趣才能让我们对工作永葆激情。因为，兴趣可以培养，而且支持自己充满激情做下去的更多的是一种责任，一种因为熟悉而产生的眷恋，一种因为取得成绩而坚持下去的信心。

（2）把工作当作事业。今天的成就是昨天的积累，明天的成功则有赖于今天的努力。把工作当成事业，你就会容忍工作的压力和单调，体会到工作的价值和意义，从中感受到使命感和成就感。

（3）树立新的目标。不断给自己树立新的目标，就能不断挖掘新鲜感。在你解决了一个个问题后，一个个成就感也会随之而来，这是让激情每天都陪伴自己的秘诀。

（4）学会释放压力。科学地管理压力和释放压力，减轻对工作的恐惧感、倦怠感，才容易使身心轻松，永葆激情。

（5）切勿自满。工作中最需要防范的就是自满情绪。自满的人会忽略

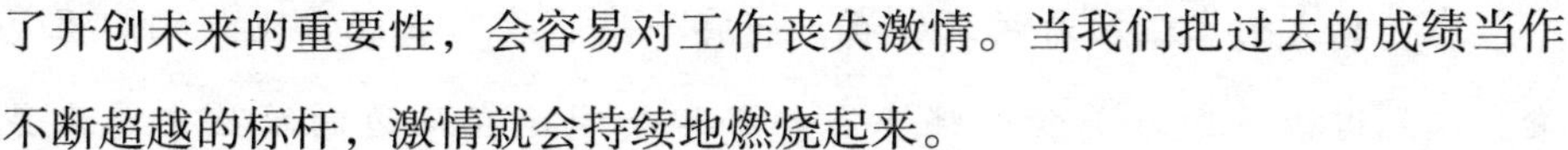

了开创未来的重要性，会容易对工作丧失激情。当我们把过去的成绩当作不断超越的标杆，激情就会持续地燃烧起来。

轩辕悟道

在这个激情洋溢的时代，各种新兴的事物都等待着那些充满激情而且有耐心的人去开发，各行各业都在呼唤着葆有激情的工作者。即使是资质平平的人，只要有工作激情，努力奋斗，一样“勤能补拙”，一样能做出骄人的成绩。因为激情可以让我们更爱工作，更爱生活，并产生强大的驱动力，让我们把自己的优势发挥得淋漓尽致，让我们拥有工作激情带来精神上的满足和幸福。

在惰性毁掉你之前毁掉它

早在南北朝时期，著名文学家、教育家颜之推就曾说过：天下事以难而废者十之一，以惰而废者十之九。英国文学之父，被公认为中世纪最伟大的英国诗人乔叟也说：“懒惰是一切邪恶之门——一个懒惰的人，正如一所没有墙壁的房子，恶魔可以从任何一个方面进来。”惰性是危险的人生地雷，是不见天日的人生深渊，是足以摧毁人生价值的无形杀手。

一个具有惰性的人，就算遇到最宽厚的命运，也像一位最勤奋但是手中无旋盘的陶工那样，是不可能捏烧成器的；这时即使命运在他身上怎样不惜浓颜丽色，怎样彩釉镶金，他仍不免是滥坯一块，它够不上一个盘子；充其量不过是凹凸不一、胡揣乱捏、弯弯曲曲、歪歪扭扭、边角欹斜、没有规格的滥坯一块而已。

有这样一个寓言故事：

在一棵大树上生活着两只麻雀，一胖一瘦。瘦麻雀经常飞到稻田里觅食，吃到过很多新鲜美食；胖麻雀却经常悠闲地在路边的草丛中晃来晃去，找寻路边杂草中即将死去的昆虫。

瘦麻雀对胖麻雀说：“兄弟，跟我一起去稻田里吧，那里有数不清的昆虫，我们每天都可以吃到不一样的食物。”胖麻雀回答说：“我才不去呢。路边多好，阳光充足，食物手到擒来。”

瘦麻雀又说：“我听说最近经常有小孩子来捉麻雀，他们就是用虫子做诱饵引我们上当的，你可千万注意，不要被捉走啊!”胖麻雀闭上眼睛，不以为意地说：“我已经习惯了，干吗要费神地飞到田里去？我懒得动！况且，路边一样也有昆虫吃。”

于是，瘦麻雀依旧每天飞到稻田里去捕食昆虫，胖麻雀依旧从树上飞到草丛。几天后，胖麻雀看到一只肥美的蚱蜢，它得意地想：我每天不用飞那么远，照样能找到美味，瘦麻雀真是太傻了。它高高兴兴地冲过去，结果正好落入人类的陷阱中。它再如何拼命挣扎都无济于事，只能被人类带走了。胖麻雀终于为自己的惰性付出了代价。

这虽是寓言，但类似这样的情况却可能每天发生在我们身边，甚至发生在我们自己身上。我们本想尽快做好一些事情，但却一拖再拖，不到最后期限绝不完成；我们眼里从来没有其他的活儿，也发现不了其他的任务，从来不会主动地伸出手；我们只是满足于把领导安排的事干完，觉得交差了就万事大吉。

我们反复地告诉自己：“反正老板也不会注意到，我凭什么要比别人做得多”“这个任务做到这样就不错了，下次我再做好一点吧”“这样就够了，何必自找麻烦呢”“明天再干吧，应付过去就行”等诸如此类的话。

因为惰性，我们的执行力不理想；因为惰性，我们很容易不求上进；

因为惰性，我们放弃了不懈努力；因为惰性，我们不再用心把该做的事做好。惰性几乎无时无刻不存在于职场和生活之中，把我们一点一点地拖进平庸的泥潭，无法自拔。

人为什么会有惰性呢？从人的自然属性方面看，惰性属于人的天性。美国哲学家威廉·詹姆斯曾说过，几乎没有人在处理问题和对付生活的挑战时能发挥自身潜能的10%以上。人们往往满足于现状，所以这种惰性导致我们的潜力无法发挥或者被永远地掩盖了。中国人讲究过犹不及，什么事情做得差不多就可以，而这种中庸思想往往会成为惰性的借口，也是养成惰性思想的温床。

惰性还和缺乏独立思考密切相关。如果在工作中往往一味等待领导安排，久而久之，创造性和主动性被消磨，惰性就应运而生，就会消极应付、懒懒散散、效率极低。惰性会导致组织对竞争环境的反应变得迟钝，使组织丧失快速反应能力。惰性还具有放大的效应，上级管理的惰性在下级会被放大；而下级的惰性会因为上级的惰性而增强。

毫不夸张地说，惰性足以把一个很有潜力的天才毁掉，变成一个庸人和失败者。不过，切莫悲观地认为自己身上的惰性比别人多，就痛苦万分。即使坚强的巴顿将军，伟大的李嘉诚先生也有惰性，只是他们会很好地对付、控制、打败它，因为他们有坚定的信念。在坚定的信念面前，惰性就会化为乌有。除了树立坚定的信念，我们还可以通过以下方式更好地克服惰性。

1. 树立明确的生活目标

没有目标的生活，犹如没有舵的船，最容易产生惰性。当一个人有值得去追求的生活目标，就会催发克服惰性的意志力。目标分长远目标和近期目标两种：长远目标比较宏观，近期目标则是以达成长远目标为终点的分目标。目标要切实可行，实现一个分目标之后，要立即制定下一个分目标，不断地向最终目标努力。

2. 养成立即行动的好习惯

目标明确就立即行动，心无旁骛，在每行进一步的时候，都将力量专注到实现目标上，而不要让自己的思维陷入其他方面的矛盾斗争中。

3. 寻找内在驱动力

在追求目标之初，肯定是干劲十足，但一段时间以后往往容易松懈而产生惰性。所以，我们必须在产生惰性之前找到新的驱动力。可以去看励志书籍和名人传记，可以去找个智慧的朋友谈谈心，也可以到大城市感受一下时代的朝气、到大自然感受一下生命的活力，还可以在显眼的地方贴个座右铭，时刻提醒自己。

4. 找一个好环境

“孟母三迁”的典故也启示我们，如果生活环境不是很催人上进，可以试着换个更积极的环境。一个人能更好地实现目标，那就一个人独处、修炼、进取。如果觉得和积极上进的朋友在一起能更有动力，那就时常去感受他们的活力。只要觉得环境很消极，那就别犹豫，换个环境或许会大有成效。

5. 每天反省自己

每天晚上思考一下：我的目标完成了吗？在什么地方松懈了或产生惰性了吗？应该如何改进？要知道，命运归根结底是掌握在自己手里的，惰性并不是无法克服的，关键是要敢于突破自我。

高尔基说：“时间是最公平合理的，它从不多给谁一分，勤劳者能叫时间留下串串的果实，懒惰者时间留予他们一头白发，两手空空。”

惰性是人生全盘失败的罪魁祸首，任何能力一旦让懒惰支配，它就一无可为。为此，我们必须从现在，从此刻起积极地行动起来，在惰性毁掉自己之前先毁掉惰性，这样，我们才可以挣脱消极的情感，产生击败困难的爆发力，充满向前进取的动力，将梦想一步步地转化为现实。

轩辕悟道

勤奋是成功的主人，惰性是失败的奴隶。我们可以愚笨可以丑陋，但是我们都可让勤奋使我们变得聪明和美丽，从而实现完美的人生。不但努力，而且要注重细节，还一定要执著和讲究方法。因为众多的失败者都具有这些特征：拖沓、马虎、粗糙、得过且过、怠于进取的消极态度，所以不要让我们的美好前程被这些不起眼的惰性给毁掉。

第二章

只有目标，没有问题

好高骛远终是梦

在生活中常常有这种情况：有些人胸怀大志，但却无法脚踏实地地去实现梦想，旁人在他们眼中，也大多是一群庸庸碌碌之辈，谈不上有什么共同语言。这样的人往往好高骛远，总爱想入非非，不愿老老实实学习、踏踏实实行动。这样长此以往，便会成为一个空想家，最后什么成就都做不出，曾经的雄心壮志也成为他人茶余饭后的笑料。

一个农家挤奶姑娘头顶着一桶牛奶，从田野里回农庄。她忽然想入非非："这桶牛奶卖的钱，至少可以买回 300 个鸡蛋。除去意外损失，这些鸡蛋可以孵得 250 只小鸡。到鸡价涨得最高时，便可以拿这些小鸡到市场中去卖。那么这样一年到头，我便可分得很多赏钱，用这些钱足够买一条漂亮的新裙子。圣诞节晚宴上，我穿上漂亮迷人的新裙子，年轻的小伙子们都会向我求婚，而我却要摇摇头拒绝他们。"

想到这里，她真的摇起头来，头顶的牛奶倒在地上。她的美妙梦想也随之消失了。

这个故事告诉我们，一定不能眼高手低、好高骛远，要根据自己的实际情况，脚踏实地，尽力而为地做自己力所能及的事情，才能够一步步实现目标。一个习惯于好高骛远的人，即使具备成功的一些天赋和条件，也是没有未来可言的。

某名牌大学外语系学生郭冬，临毕业时，一心想进入大型的外资企业，最后却不得不到一家成立不到半年的小公司"栖身"。

在郭冬看来，这里的一切都不顺眼——不修边幅的老板，不完善的管理制度，土里土气的同事……自己梦想中的工作完全不是这么回事啊。

“怎么回事?”

“什么破公司?”

“整理文档？这样的小事怎么让我这个外语系的高才生做呢?”

“这么简单的文件必须得我翻译吗?”

“就一篇小报告而已，为什么自己不写要我帮忙呢?”

“噢，我受不了了!”

就这样，郭冬天天抱怨老板和同事，双眉不展、牢骚不停。对工作常常是能拖则拖，能躲就躲，因为这些“芝麻绿豆的小事”根本就不在他的思考范围之内，他梦想中的工作应该是一言定九鼎的伟业。

试用期很快过去，老板认真地对他说：“我们认为，你确实是个人才，但你对工作敷衍了事，似乎并不喜欢在我们这种小公司里工作，既然如此，我们也没有理由挽留你。对不起，请另谋高就吧!”

被辞退的郭冬这才清醒过来，当初自己应聘到这家公司也是费了不少力气的，而且，眼前的就业形势，再找一份像这样的工作也很困难。初次工作就以“翻船”而告终，这让郭冬万分失望与后悔，可一切都已来不及了!

好高骛远、急功近利，结果往往事与愿违，很难达到目的。道理固然简单明了，但很少有人能够真正地理解和贯彻到自己的行动中。只因大多数人都希望成为不平凡的人，梦想成功，才华获得赏识，能力获得肯定，实现人生理想，遗憾的是，真正能做到的人，总是少数。很多人往往怀抱空想而不付诸行动，总是在经意或不经意之间陷进好高骛远的泥潭里，因此，一辈子也不可能干出惊天动地的事业。

一位成功学大师说过：人不是不能遐想、展望，但想了，要付诸行动。如果只遐想，而不学习、实践，那就真成“瞎想”了。孔子讲过“终日不食，终夜不寝，以思，无益，不如学”，他还讲过另一句很有启发的话的意思是“坐着想不如起来行”，这两句意思都差不多。君不闻：“合抱之木，生于毫末；九层之台，起于累土；千里之行，始于足下。”你要成功，就该从那细小的萌芽开始生长，从那一小撮泥土筑起，从此时此刻开始，一步一个脚印地往前走。

鲁迅先生就曾说过：“世上哪有什么天才，我是把别人喝牛奶的时间挤出来工作的。”好高骛远、脱离实际的人，注定只能生活在虚幻之中，这种人没有坚实的基础，获得的只有空中楼阁，海市蜃楼，这是人生的悲剧，也是工作的陷阱。

要想让自己从好高骛远的碎梦走出来，应该做到以下几点。

1. 放下急功近利的心态

时下，浮躁已成了一种“社会病”，我们忙着赚钱，忙着买房，忙着买车，忙着看最新的时尚杂志、买最新的时装，忙着去K歌，忙着上网聊天……在这些忙碌的同时，我们有太多急功近利的心态，因此我们没有时间去平静的思索，我们只有任由自己浮躁。只有放下急功近利的心态，才能让心智神清气明，让精思得以沉淀。

2. 善于抵制诱惑

在信息高速发展的今天，形形色色的诱惑纷至沓来，引发了人们无休止的欲望。适度欲望可以成为进取的动力，但过度的欲望也会毁掉一个人。浮华的事物太多，如果不懂得控制欲望，就会被外界的诱惑迷住双眼，从而偏离了人生正确的靶心。做每一件事时都要善于抵制诱惑，对得起自己的良心，珍惜眼前所拥有的。

3. 踏实做人

踏实做人是伟人的共同特性，一个人想要创造出一片属于自己的新天地，就首先要学会踏实做人。踏实的人，能够更多地控制住自己，确立自己真正的目标和理想，并根据形势的发展和环境的变化不断地进行调整和修正，以实现既定目标。

4. 学会修一颗静心

静心处世是最好的生活方式，也是脚踏实地的人必备的心理素质。能够经得住时间考验并长久发展下去的人，必定是能坚定信念，不为外界所诱，静心处世的人。也只有静心处世，才能冲散浮躁的气息，将生活带入更加真实的境地。

成功是务实绽开的花朵。人活在世上，不能没有追求，但是更不能好高骛远，一定要懂得切合实际；好高骛远，脱离实际的空想、妄想、玄想、瞎想都不过是竹篮打水一场空，万般美妙终是梦。

不要羡慕别人的丰功伟绩，那些都是别人踏实、努力、勤勉做事换来的结果。只有静下心来踏实地做好眼前的事，才能逐渐积累经验，逐渐实现自己的目标，成就伟大的事业。

轩辕悟道

好高骛远容易让人高估自己，脱离实际，从而确定不切实际的目标，到头来的努力不是半途而废便是徒劳终生一场空。所以只有切合实际，制定正确的人生目标，确立适合的方法和计划，才能保证我们人生路上一帆风顺、事半功倍地达到成功。想要避免好高骛远，需要一种务实的心态、勤劳的作风和踏实的思想，否则，不想好高骛远也是力不从心。

脚踏实地创奇功

在日常工作中，很多人看不起小事，不愿做那些他们认为很琐碎的日常小事，总想着公司能分配一些重要的大事给他们。其实，工作中，脚踏实地做事不仅是一种良好的工作习惯，还是一个节约时间的方法。

从小事脚踏实地做起，能够使自己积累社会经验和成功实力，以免以后做重要工作之时走弯路。从小事脚踏实地做起，能够让自己学会如何用最快的时间接受新的事物，发现新事物的内在规律，比别人更短时间内掌握这些规律并且处理好它们。只有具备了这些要素，你才能成长为一个被人信任、能够承担大事的人，才能创造出瞩目的奇功。

王燕是一家大公司老总经过多次面试亲自招进来的一个名牌大学生。她不仅漂亮、聪明、性格活泼，而且才华横溢。

老总很看好她，于是在工作中，从流程到待人接物，有意识地培养她，手把手地教她。她也学得快，很多工作一教就上手，一上手就熟练，跟各位同事也相处的颇融洽。老总开始慢慢地给她一些协调的工作，各部门之间以及各分公司之间的业务联系和沟通让她尝试着去处理。

时间一长，王燕有点沉不住气了，问老总：为什么总是让她做这些琐碎的事情？并说自己的能力不仅仅能做这些，还能做一些更加重要的事情。老总告诉她，先把手头的工作做好，先避免常识性错误的发生，然后循序渐进。

可是，半年以后，王燕向老总提出了辞职。她说："我本科四年，功课优秀，没想到毕业后找到了工作，却每天处理的都是些琐碎的事情，没有成就感。"老总问："你觉得，在你现在所有的工作中，最没有意义的最浪费你的时间精力的工作，是什么？"她马上回答道："帮您贴发票，然后报销，然后到财务去走流程，然后把现金拿回来给您。"

这时老总笑了，问："你帮我贴发票报销有半年了吧？通过这件事儿，你总结出了一些什么信息？"

王燕呆了半天，说："贴发票就是贴发票，只要财务上不出错，不就行了呗，能有什么信息？"

老总对王燕说："我觉得你最大的问题，是没有脚踏实地。在看似简单不动脑子就能完成的工作里，你没有把你的心沉下去，所以，半年了，你觉得自己没有进步。"这时王燕说不出话来，但是收回了辞职报告。

又坚持了三个月，王燕还是辞职了。

后来她经常在网上跟老总聊天，诉说着她的新工作的情况。一年内，她换了三份工作。每一次都坚持不了多久。每一次她都说新的工作不是她想要的工作。就这样，她的能力越来越平庸，她的工作也越换越差，她很苦恼地对公司已经上市的老总说："我现在才有些明白你以前说的话是什么意思了。"但是她却已不能再胜任以前的职位了，就是因为不能脚踏实地地用心做事，本来很可能会做出一番成就的她就这样让时间、机遇在后悔和苦闷中悄悄地流逝了。

人的一生不管做什么事儿，都得脚踏实地。万丈高楼平地起，夯实地基为第一；参天大树搏风雨，扎实根基为第一；谷子低头笑茅草，丰盈子实为第一；有志之士建功业，充实自己为第一。

一开始就想一飞冲天，想奇迹突然降临到自己的头上是不可能的。事业发展的要诀其实一点都不深奥，就是认真做实事，脚踏实地，持续付出多于任何人的努力，精益求精并且做到持之以恒即可。

轩辕悟道

纵观大成者、大企业的成长发展史，他们都是从小事业起步的，都是经过一点一滴地积累，不断创新，踏实努力，坚持不懈，才最终取得了举世瞩目的成就。不管我们在什么样的岗位上，我们都要脚踏实地，一步一个脚印地做好我们分内的工作，打好我们人生的每一个基础，并在这踏实努力之中不断地积累和创新，再加上坚持不懈，如此，便可能在平淡中收获，从逆境中崛起，甚至创造出人生的辉煌和奇迹。

遇到问题你要解决，否则问题会解决你

许多研究心理健康的专家一致认为，适应良好的人或心理健康的人，能以“解决问题”的心态和行为面对挑战，而不是逃避问题，怨天尤人；否则，往往会使问题的性质和影响恶化，使自己的处境更加糟糕。

然而，在现实生活中，能够以正确的态度和行为面对挫折与挑战其实并非易事。我们可以看到周围的不少人，他们或因工作、事业中的挫折而苦恼抱怨，或因家庭、婚姻关系不和而心灰意懒，甚至有的因遭受重大打击而产生轻生念头。逃避问题已经成了许多人在面临困难、挫折时都会有的一种行为反应。

邵先生是一名业务经理，负责整个公司产品的销售工作。每天工作勤勤恳恳，尽职尽责，一心想把工作做好。可事与愿违，随着社会竞争日趋激烈，同类产品不断涌出，经济效益每况愈下，邵先生感到越来越难做。而当初立下的军令状就像一座大山一样重重地压在他的身上，使他喘不过气来。

邵先生越来越感到一种莫名的恐惧，仿佛看到前任经理的今天就是自己的明天，感到自己力不从心，重压之下，干脆选择逃避，竟然三天不上班，手机也关掉，在家什么事情也做不了，约朋友出来聊天也显得心事重重。到了第四天，垂头丧气的邵先生找到心理医生，说：“现在的我真是累啊，一进公司就感到紧张，自己以前的那种干劲不知到哪里去了。现在我只想找个安静的地方，静静地睡上一觉，再也不想面对这些烦恼的问题。”

在激烈的社会竞争中，每个人面对问题的态度也是不同的。邵先生在问题面前采取了退缩、逃避的态度，是用小孩子解决问题的方法来应对自己出现的问题。在现实的生活中，邵先生过于看重工作，或者过于看重业绩，而忽略了一些实际运作中的问题，以及对市场的残酷估计不够，一旦事与愿违，又过分自责，把责任都归咎在自己的身上，造成心理负担过重。因此，焦虑与恐惧的情绪随之而来，压得他透不过气来。为了释放几乎快崩溃的情绪，缓解内心的压力，邵先生以一种不负责任的方式来逃避问题。

选择退缩与逃避问题，虽然可以暂时得以解脱，但事情却并没有就此了结，许多问题都还在等着我们去解决。所以，选择退缩与逃避是一种不负责任与不成熟的表现。假如一个人遇到问题常常退行，用较原始而幼稚的方法应对，或是避免面对现实的问题，就变成了心理问题，反而只会把问题变得越来越复杂。

某公司通常都是经理亲自发工资，这次又到了发工资的日子，经理因为临时有事，就将工资款锁在了抽屉里，然后交代两个员工帮忙代发。下午，大家都兴致勃勃地领完了工资，这两个员工才开始点算自己的工资，却发现缺了五百元，两个人面面相觑：不对啊，领导明明说钱是正好的，怎么现在却不够？

员工甲想，可能是给大家发工资时自己出现了失误，只是他们没有发现罢了；而员工乙则想，总不能帮经理发了工资，最后自己却要赔钱吧。于是，他领了自己那份后就想走，而甲依然在对账，可是依然没有结果。这时候，经理回来了，甲赶忙上前认错，说自己发工资时出现了失误，最后工资缺了五百元，如果对账无果，他愿意用自己的工资补偿；而乙则想，反正有甲扛着，总不能两个人都罚吧。

“哦，对了，我忘记跟你说了，我下午出去的时候，身上的钱不多了，就从员工工资里先拿了五百元，我这次回来，又取了钱，正准备把那五百元送回来。”经理轻描淡写地回答道。

甲心里的一块石头总算落了地，而乙则想，这事既然甲已经担当了，实在没必要再跟经理汇报，如果经理知道乙办事不力，恐怕以后对乙都有意见了，还不如等经理自己承认拿了钱呢。然而，自从这件事以后，经理对甲开始另眼相看，很多事情都愿意让甲去做，渐渐地，甲的细致认真的工作态度也体现了出来，而且甲又是个难得的勇于担当责任的人，于是，经理将甲升职做了总监。而员工乙怎么也没想到，当日自己一同参与了发工资的事情，却因为两个人不同的表现，日后的工作情况也完全不同了，甲不但升了职，得到了更好的展现才能的平台，待遇也提高了；而乙却因为常常逃避问题，使自己的职场之路越走越窄，在一次裁员时，被炒了鱿鱼。

人非圣贤，总会有百密一疏的时候，由于自己的粗心以及失误造成不好的后果，每个人的反应都不相同，有人想的是怎么去掩饰，有人想的是怎么去补救。其实，遇到问题的时候，采取消极的态度，不但于事无补，而且会使你意志消沉，即使一时隐瞒过去，也终会是一个心结，更有甚者将责任推到其他人身上，就算当时有人替你顶罪，但是纸终究包不住火，事情败露的那天，你又该如何面对身边的人？相反，如果采取解决问题的积极态度，认真地思考与总结错误，担当责任，则不仅能有效地避免同类问题的再次发生，还能激发你的斗志，挖掘你的潜能，让领导对你刮目相看。

轩辕悟道

在生活中，谁能坚强地走过人生的每一步而不退缩、不逃避，那么他注定是一个成功的人。遇到问题而不解决问题，他就会被问题解决，总是向困难低头，永远只是个失败者。所以我们不要做问题的逃兵，而且当你在解决问题时，困难和问题会激发你巨大的潜能，展现你卓越的实力，你还会发现，问题中处处孕育着属于你的机遇。

第三章

精英，没有任何借口

找借口就是推卸责任

在生活和工作中，我们难免会遇到各种各样的困难。当遇到困难时，我们经常会听到各种各样的借口，告诉我们做不好某事的理由，比如上班迟到了，会有“路上塞车”等借口；工作业绩低，会有“市场疲软”“时机不好”等借口。任何事情，只要我们有心去找出借口，几乎所有事情都可以找到无数的借口，乍听上去这些借口是“合情合理、冠冕堂皇”的，稍加深思，其实借口是一种推卸责任的工作和生活态度，是很多不敢也不愿意尝试挑战的人的挡箭牌。

如果一个人养成找借口的习惯，那么他将失去责任感和力量，即使是不怎么难完成的任务也难以完成。如果我们迎着困难前进，那么再艰巨的任务也能够完成。

杰克在一次与朋友的聚会中神情激愤地对朋友抱怨老板长期以来不肯给自己机会。他说：“我已经在公司的底层挣扎了15年，仍时刻面临着失业的危险。15年，我从一个朝气蓬勃的青年人熬成了中年人，难道我对公司还不够忠诚吗？为什么他就是不肯给我机会呢？”

“那你为什么不自己去争取呢？”朋友疑惑不解地问。

“我当然争取过，但是争取来的却不是我想要的机会，那只会使我的生活和工作变得更加糟糕。”他依旧愤愤不平，甚至义愤填膺。

“能对我讲一下那是为什么吗？”

“当然可以！前些日子，公司派我去海外营业部。但是像我这样的年纪、这种体质，怎能经受如此的折腾呢？”

“这难道不是你梦寐以求的机会吗，怎么你会认为这是一种折腾呢？”

“难道你没看出来?”杰克大叫起来,“公司本部有那么多的职位,为什么要派我去那么遥远的地方,远离故乡、亲人、朋友?那可是我生活的重心呀!再说我的身体也不允许呀!我有心脏病,这一点公司所有的人都知道。怎么可以派一个有心脏病的人去做那种‘开荒牛’的工作呢,又脏又累,任务繁重又没有前途……”他絮絮叨叨地罗列着他根本不能去海外营业部的种种理由!

这次他的朋友沉默了,因为他终于明白为什么15年来杰克没有获得他想要的机会;并且也由此断定,在以后的工作中,杰克仍然无法获得他想要的机会,看来终其一生,他也只能等待了。

有一句格言说得好:“想做的事情总找得出时间和机会,不想做的事情总能找出借口和理由!”喜欢找借口的根源是因为缺乏责任感。当一个人事后为自己找借口,这代表着他在用借口向别人表明他拒绝吸取教训,而只是一味想为自己开脱责任。如果总是在事后为自己找借口推脱责任,而不去深刻反思,认真总结,那么,只会使你与成功失之交臂。就像一位成功学大师说的那样,为自己找借口的人,永远不会进步。失败的人会为自己找借口,成功的人则恰恰相反,他们遇事的第一反应是找方法,而不是找借口。

有一个发生在国外海军陆战队的故事,生动地说明了这个道理。

有一天,一名军官下部队去看望士兵。在军营里,军官看见一名士兵戴的帽子很大,大得快把眼睛遮住了,他走过去问这个士兵:

“你的帽子怎么会这么大?”

“报告长官,不是我的帽子太大,而是我的头太小了。”士兵立正说道。

军官听了哈哈大笑:“头太小不就是帽子太大吗?”

士兵说："一个军人，如果遇到什么问题，应该先从自己身上找原因，而不是从别的方面找原因。"军官点点头，似有所悟。10年后，这名士兵成了一位伟大的将军。

找借口会让一个人在工作中避难就易，失去担当责任的勇气。如果整个企业都形成了找借口推脱责任的风气，那么，整个企业的凝聚力和执行力就会大打折扣。

威廉·安肯在担任维亚康姆机械公司销售经理期间，该公司的财政发生了困难。这件事被驻外负责推销的销售人员知道了，工作热情大打折扣，销售量开始下滑。到后来，销售部门不得不召集全美各地的销售人员开一次大会，威廉亲自主持会议。

首先是由各位销售人员发言，他们一一站起来以后，似乎每个人都有一段令人震惊的悲惨故事要向大家倾诉：商业不景气、资金短缺、人们都希望等到总统大选揭晓以后再买东西，等等。

当第五个销售员开始列举使他无法完成销售配额的种种困难时，威廉再也坐不住了。他突然跳到了会议桌上，高举双手，要求大家肃静。然后他说："停止，我命令大会停止10分钟，让我把我的皮鞋擦亮。"

随后，他叫来坐在附近的一名黑人小工，让他把擦鞋工具箱拿来，并要求这位工人把他的皮鞋擦亮，而他就站在桌子上一动不动。

在场的销售员都惊呆了。人们开始窃窃私语，觉得威廉简直是疯了。

皮鞋擦亮以后，威廉站在桌子上开始了他的演讲。他说："我希望你们每个人，好好看看这位小工友，他拥有在我们整个工厂和办公室内擦鞋的特权。他的前任是位白人小男孩，年纪比他大得多。尽管公司每周补助他5美元的薪水，而且工厂内有数千名员工，但他仍然无法从这个公司赚取足以维持他生活的费用。"

“这位黑人小孩不仅可以赚到相当不错的收入，既不需要公司补贴薪水，每周还可以存下一点钱来。而他和他前任的工作环境完全相同，也在同一家工厂里，工作的对象也完全一样。”

“现在我问诸位一个问题：那个白人小男孩拉不到更多的生意，是谁的错？是他的错还是顾客的错？”那些推销员们不约而同地说：“当然，是那个小男孩的错。”

“正是如此，”威廉接着说，“现在我要告诉你们的是，你们现在推销的机器和去年的完全相同，同样的地区、同样的对象以及同样的商业条件。但是，你们的销售业绩却大不如去年。这是谁的错？是你们的错还是顾客的错？”

同样又传来如雷般的回答：“当然，是我们的错。”

“我很高兴，你们能坦率承认自己的错误，”威廉继续说，“我现在要告诉你们，你们的错误就在于，你们听到了有关公司财务陷入危机的消息，这影响了你们的工作热情，因此你们就不像以前那般努力了。只要你们回到自己的销售地区，并保证在以后 30 天之内每人卖出 5 台机器，那么，本公司就不会再发生什么财务危机了。请记住你们的工作是什么。你们愿意这样去做吗？”

下边的人异口同声地回答：“愿意！”

后来他们果然办到了。那些曾被推销员们强调的种种借口：商业不景气、资金短缺、人们都希望等到总统大选揭晓后再买东西，等等，仿佛根本不存在似的，统统消失了。

做任何事情，不论原因是主观的还是客观的，没有做好就是没做好，不要为自己找任何借口。假设每个环节都做得非常完美，假设所有的人都完成得很出色，那事情也不会做得不好。总是给自己找理由开脱或者说“我不是故意的”，而不懂得在问题中反省自身，承担起自己的责任，这样的人只会越来越不负责任，越来越不受欢迎，离成功越来越远。

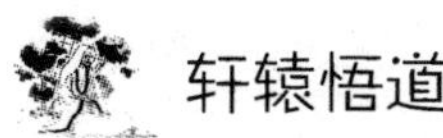

轩辕悟道

找借口意味着不敢担当和不负责任。而我们大家都喜欢敢于担当，敢于负责的人，而且敢于担当和负责的人往往在生活中会成为一个成功者，或者是领导，或者是企业家。不找借口敢于担当，我们不但可以赢得人情人脉，还使我们在担当的过程中学习和增长很多的知识和能力。在遇到问题的时候，反思自己和寻找解决问题的方法是最好的出路。

不要让借口成为习惯

思想家爱默生说过："习惯是一个人思想与行为的领导者。"

习惯的形成并不算容易，它往往需要一个漫长的过程。但是它一旦形成就具有很强的惯性，很难根除。在习惯的作用下，哪怕是做出错误的事情，你也会觉得是理所当然的。人的一生会形成很多种习惯，有好的，也有不好的。好习惯对一个人影响重大，而不好的习惯所带来的负面影响也是难以估量的。著名作家奥斯特洛夫斯基说："人应该支配习惯，而决不能让习惯支配人，一个人不能去掉他的坏习惯，那简直一文不值。"

在所有的习惯中，找借口是一种极其不好的习惯，如果一个人养成了找借口的习惯，他的工作就会拖沓、没有效率。反之，当他抛弃找借口的习惯，他就不会为工作中出现的问题而沮丧，反而掌握很多解决问题的方法，提升自己的能力，使自己离成功越来越近。

我们来看下面的事例。

吉姆是公司"元老级"员工，负责对外跑业务，深得上司器重。然而他在一次出差途中发生车祸，致使他的一只脚有点轻微的跛。如果不仔细看，是根本看不出来的。实际上这根本不影响他的形象，也不影响他的工作。

一次，吉姆的一笔业务让竞争对手捷足先登抢走了，给公司造成了一定的损失。事后，他合情合理地解释了失去这笔业务的原因是因为他的腿伤发作，比竞争对手迟到了半个小时。从此，每当公司要他出去联系比较棘手的业务时，他总是以脚不方便，不能胜任这项工作为借口而推诿。

每一次，上司都没有难为他。就这样，吉姆把大部分的时间和精力都花在如何寻找更合理的借口上，择易弃难、就近避远，碰到难办的业务能推就推，好办的差事能争就争。时间一长，他的业务成绩直线下滑，只要没有完成任务，他就借口是自己的脚不争气。最后，他甚至习惯于因为脚的问题迟到、早退，甚至工作餐时喝酒，因为他总是对别人说喝点酒可以让他的脚舒服些。两年后，公司忍无可忍，只好辞退了吉姆。

从上面的案例中可以看出，吉姆之所以会葬送自己的大好前程，正是因为养成了找借口的习惯。在职场上，所有不停找借口的人，注定只会走向失败。一个优秀的精英是不会找借口来推脱自己的。因此，他们在工作中能够发挥出自己的潜能，并且不会浪费时间，更不会错过良机。

曼凯斯是美国一家广告公司的公关部职员。在他幼年时，就深受老师和家庭教育的影响——立志将来一定要做一个勤勤恳恳的人。无论走到哪里，实干型的员工最受老板的欢迎。

从纽约州立大学毕业进入这家公司之后，他发现有些员工做事总喜欢找借口，是公司的闲人，可是过不了多久，他们总会被扫地出门，即使他们有非常优秀的业务素质。而那些不折不扣执行老板分配的员工，即使有时做得不够完美，却往往得到老板的重用。曼凯斯算不上一个精明的人，但做事总是勤勤恳恳，虽然老板分配给他的任务量有时很大，但他一直没有抱怨什么。

就这样过了一段时间，有一次，老板分配给曼凯斯一个很重要的任务，曼凯斯立即就开始开展工作，他向往常一样尽自己的全力去做，但是在任务的完成过程中，他犯了一个小错误，任务完成的不是很好，他的心里忐忑不安。这时老板叫曼凯斯到他的办公室去，曼凯斯以为这次肯定要被老板大骂了，哪知道老板微笑着对他说："你知道吗？这个任务我曾找了三个员工去做，可是他们都说自己能力不行推脱掉了，其实我知道他们怕自己完成不了这个重要的任务受到我的斥责，只有你没有任何借口就去做，而且我一直发现你做很多事都从不找借口，年轻人要保持这个好的习惯呀，因为这是一个经理必要的业务素质之一呀！

"什么……什么……什么经理呀？"曼凯斯感到很迷惑，于是支支吾吾。

"也许你不知道，我跟董事会已经说了，推荐你当部门的经理，聘任书马上就下来，你可不要让我失望哦。"

曼凯斯简直不相信自己的耳朵，他现在才知道了那些老是找借口的人为什么在公司待不了很长的时间。

不找借口，意味着你可以全力以赴地做事，没有杂念，这样你就会比别人多更多成功的机会。

不找任何借口的习惯，好处多多。一个聪明的人绝不会让自己养成找借口的习惯。

千万不要让借口成为你的习惯，从现在开始，在工作中，在生活中，杜绝任何一次寻找借口的行为吧，这样，你才能赢得佳绩，使事业长青。

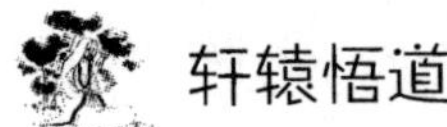

轩辕悟道

那些优秀、卓越、出色的精英绝不会为自己的工作找任何借口。虽然他们也许会面临更多的困难和失败，但是他们并不会陷入找借口的消极态度中，而是因此让自己具有必胜的信念、坚强的毅力和完美的执行力。不找借口，意味着你可以更好地挖掘自身的潜力，做别人不能做的事情；不找借口，意味着你比别人有更多深入思考的时间，去改正过去的错误，去熟悉你的工作，去设想你的未来。利用这些时间，你还可以养精蓄锐、蓄势待发。

承担，是成长的开始

每一个人从出生到离开这个世界，责任就伴随着人们生命的始终，无论是对家庭、对工作的责任，还是对社会、对生命的责任，人类每时每刻都要履行自己的职责。

承担是一种勇气，一种智慧，也是一种力量，能够不逃避、不退缩的去承担是一个人成长的开端：它不仅能让一个人具有最佳的精神状态，精力旺盛地投入工作；还能使人担负起更多的责任，被人们认为值得信赖、值得托付。

吉米和杜克是同一家公司的两名职员，他们俩工作一直都很认真，也很卖力。上司也对这两名员工很满意，可是一件事却改变了两个人的命运。

有一次，吉米和杜克一同把一件很贵重的古董送到码头。没想到送货车开到半路却坏了。因为公司里规定：如果不按规定时间送到，他们要被扣掉一部分奖金。于是，力气大的吉米背起古董，一路小跑，终于在规定的时间赶到了码头。这时，心存小算盘的杜克想：如果客户看到我背着古董，把这件事告诉老板，说不定会给我加薪呢！于是他说："让我来背吧，你去叫货主。"

当吉米把古董递给他的时候，一下没接住，古董掉在了地上，"哗啦"一声碎了。他们都知道古董打碎了意味着什么，没了工作不说，可能还要背负沉重的债务。果然，老板对他俩进行了十分严厉的批评。杜克趁着吉米不注意，偷偷来到老板的办公室对老板说："老板，不是我的错，是吉米不小心弄坏了。"

老板把吉米叫到了办公室。吉米把事情的原委告诉了老板，最后说："这件事是我们的失职，我愿意承担责任。另外，杜克的家境不太好，他的责任我愿意承担。我一定会弥补我们所造成的损失。"

他俩一直等待着处理的结果。一天，老板把他们叫到了办公室，对他们说："公司一直对你俩很器重，想从你们两个当中选择一个人担任客户部经理，没想到出了这样一件事，不过也好，这让我们更清楚哪一个人是合适的人选。我们决定请吉米担任公司的客户部经理。因为，一个能勇于承担责任的人是值得信任的。杜克，从明天开始你就不用来上班了。"

老板最后说："其实，古董的主人已经看见了你们俩在递接古董时的动作，他跟我说了他看见的事实。还有，我看见了问题出现后你们两个人的反应。"

无论在工作还是生活中，有些人养成了一遇到不利于自己的情势就推脱的毛病。他们不愿接受有困难的任务，不敢主动承担责任。殊不知，经常推脱会使自己养成不敢承担、不愿负责任的不良品性。杜克正是因为不敢承担而决定了他被淘汰的结果。如果我们细细观察，我们会发现失败就是喜欢不敢承担的人，成功往往青睐勇于承担责任的人。

赵小华在一家玩具厂工作，当时他担任某车间的主任。这个车间的工人大多来自农村，大家平日里工作非常辛苦。他很同情这些人，如果条件允许的话，他总是设身处地地为他们解决困难，用自己的实际行动来照顾他们。因此，工人们也用自己的工作热情来回报心地善良的赵小华，所以他管理的这个车间比别的车间效率要高一些。

但是谁料在临近春节的时候，发生了一件不幸的事情。事情的经过是这样的。赵小华的车间接到了一批订单。当时，由于工人们急于回家过春节，干活的时候加快速度，忽视了质量，因此导致了一批产品需要返工重做，并且还需要扣罚工人们的奖金。但由于快到春节，大家归心似箭，没有谁愿意留下来加班返工，更没有人愿意自己的工资在年底还被扣罚。在这种情况之下，赵小华非常为难。他找到了工厂的主管，表示愿意把所有的惩罚揽到自己的身上。他说这次主要是由于自己的失误才出现了这种情况，如果老板想惩罚的话，他愿意承担一切责任，但唯一的要求就是不要让工人们在春节期间加班，更不要过多扣罚他们的工资，如果厂里实在不同意的话，他愿意用自己的工资做出赔偿。

领导被他的诚意打动了，但必须有人为这件事情负责任。所幸的是，那批玩具并不着急要货，春节过后再来加班也完全能赶得上。当时领导担心，工人们拿了钱，春节过后就不来上班了，赵小华为此拍着胸脯立下了军令状。他作出保证，如果工人们没回来上班，他愿意自动离职，而且用自己的工资做赔偿。

在大家的议论声中，工人们全体放假回老家了。大家都为赵小华担心，但是最后，他成功了。所有的车间里，唯有他的车间工人是最全的。没有一个人在家乡滞留，大家都提前回到了工厂复工。合同任务圆满完成，而他也因为在这次事件中的出色表现得到了提升。

勇于承担，是成长的开始，是成大事者必备的素质。一个勇于承担的人，必将拥有做大事的魄力和宽广的胸怀。而一个不肯承担责任的人，则会引起别人的鄙夷与不满，如果他永远都不知道承担起自己应负的责任，那他则迟早要被抛弃。

勇于承担意味着你是个会对工作全力以赴的人，因此即使遇上困难也不会找借口百般推托，而是积极寻找解决方案，最终圆满完成任务，实现目标。

轩辕悟道

勇于承担是一种积极的工作态度与为人处世的可贵品质，一旦你树立了这样的心理品质，你就会使自己迅速地得到成长，在生活和工作中勇于承担，能够圆满地完成一项任务，能够成熟地处理生活中的一些事情，勇于承担将使你成为一个牢靠的人和受欢迎的人。

第四章

相信生命中的无限可能

相信是行动的原动力

生活在竞争激烈的当今社会，你是否相信，只要你不断锻造你的精神品质，就能以实力和意志力，到达你理想的彼岸？当你遇到困难或障碍时，你是否能够维持你高昂的情绪？当某些挫折和打击侵害到你的健康、你的力量以及你的幸福时，你是否能够维持你那奋发的态度？

大部分人对于这些问题都是抱有否定或怀疑态度的，因为，他们对自己的能力并不自信。而少数的成功者，无论身处怎样的逆境，都相信自己的潜能可以突破现状，可以打开一方新的天地；相信，使他们充满了行动的原动力；不懈的行动，将他们所相信的呈现在了他们的眼前。

一个叫亨利的年轻人，从小在福利院里长大，他身材矮小，长相丑陋，讲话又带着浓厚的法国乡下口音，所以他一直没自信，认为自己是一个既丑又笨的乡巴佬。因为自卑，他连最普通的工作都不敢去应聘。在过30岁生日时，他认为自己一事无成，活着是一种痛苦，不如自杀算了，这样也是一种解脱。就在亨利对人生彻底绝望之时，他的一位好朋友跑来告诉他说："亨利，告诉你一个好消息！"

"好消息从来就不属于我。"亨利依然沉浸于痛苦之中，认为好友不过是想安慰他而已。好友口气坚定地说道："不，这次确实是一个天大的好消息。我刚刚从收音机里听到一则消息，拿破仑曾经丢失了一个孙子。播音员描述的相貌特征，与你丝毫不差！"

一句话惊醒了亨利，自己竟然是拿破仑的孙子！以前爷爷个子也矮小，可是却指挥着千军万马；他讲话也带着浓厚的法国乡下口音，可是用这种口音发出的命令，大家都必须言听计从。这使亨利精神大振，身为拿破仑的后代，也要活出尊严来，不能给祖辈丢脸。

第二天一大早，亨利便满怀自信地来到一家大公司应聘，后来成了一个知名的企业家。有一次，他亲自去查证，发现自己并不是拿破仑的孙子，可是这个结果并没有影响到他。他感慨地对员工说道："相信，将所有的自卑全都抛到九霄云外，使我充满了前所未有的力量。我认为，这就是成功最重要的前提！"

无论一个人多么聪明，多么有才华，如果他不相信自己潜能的强大，不能对自己的聪明才智给予肯定的话，那么他相当于什么也没有，他只不过是一个躯壳而已。

任何一个成功的人，都对自己的能力、实力有一个准确的定位，对自己所具备的能力非常的自信，他们有足够的能力说服自己、认可自己。

英国历史学家弗劳德说："一棵树如果要结出果实，必须先在土壤里扎下根。同样，一个人需要学会相信自己的能力，才会努力地依靠自己、尊重自己，才会不等待他人的施舍，不等待命运的馈赠。只有在这样的基础上，才可能做出成就。"

在一个公园里，几个白人小孩子正高兴地玩耍，一个黑人小孩子在角落里远远地看着他们。这时，一位老人拿着许多氢气球进公园来卖。白人小孩子一见，纷纷跑到老人近前，每人买了一个气球，然后把它们放飞到空中，兴高采烈地追逐着跑远了。黑人小孩子也很喜欢气球，可是他没钱买，就胆怯地站在一边看着。

老人看见了这个孩子，问他为什么不去跟那些小孩子玩儿，小孩子回答说自己是黑人，会被他们看不起的，回答完之后，他忧虑地问道："我长大以后也会比他们差吗？"老人没有直接回答他，而是找出一个黑色的气球，然后将黑气球放飞到空中，老人一边看着气球升起，一边用手轻轻地拍了拍小孩子的后脑勺，说道：“记住，气球能升起，不是因为它的颜色和形状，而是气球内充满了氢气。一个人的成败不是因为种族、出身，关键是你是否相信只要你努力，你就一定行!”

那个黑人小孩子听后深受鼓舞，从那以后，他一扫以往的胆怯退缩，变得积极进取，努力奋发，长大以后成为了一位著名的博士。

居里夫人就曾说：“生活对于任何一个男女都非易事。我们必须要有坚韧不拔的精神，最要紧的，还是我们自己要有信心。我们必须相信，我们对某一件事情具有天赋的才能，并且无论付出任何代价，都要把这件事情完成。当事情结束的时候，你要能够问心无愧地说已经尽我所能了。一个人只要有信心，那么他就能通过努力去成为他所希望成为的人。”

人生最大的缺失，莫过于失去信心。如果你能成功地摆脱对自身能力的怀疑，就会勇敢地走出迎接生活挑战的第一步，不管遇到什么困难，都会坚信自己一定能成功，因此，最终你也一定能成功。要知道，你来到世间就是为了收获人生的成长、成就、成功，对这一点不要有丝毫怀疑。

当杜邦在法拉格特将军面前陈述未能攻陷切斯特城的种种原因时，法拉格特将军加上了一句：“此外还有一个原因你没有提到，那就是你不相信你能做成那件事。”一个人如果不相信自己能做从未做过的事，就绝对做不成。只有领悟到这一点，才会不断努力，不去依赖他人的帮助，才能成为杰出的人物。

轩辕悟道

相信自己，是人们行动的原动力，也是人生成功的资本。只有相信自己的价值，充分认识自己的潜能，才能不管在任何环境和磨难中始终保持奋发向上的劲头，不断地走向自强之路，进而获得最终的成功。

自信的人拥有神奇的力量

自信是雄鹰展翅，搏击长空的豪气；自信是高山挺立峻拔群峰的巍峨；自信是江河川流不息的奔腾气魄；自信是当你面对生活的各种挑战时，勇往直前的勇气与精神。

拥有自信，才能在暴风雨来临时，无所畏惧，勇敢进取；拥有自信，才能在人生的征途上，昂扬积极，拼搏奋进，创造辉煌。一位自信的人，是一位从内在散发光芒的人，拥有着神奇的力量。

从古到今，世界上那些获得辉煌成就的人都有着自信带来的神奇力量。他们即使身处逆境，即使困难重重，仍旧能披荆斩棘，一往直前。

古希腊著名演说家德摩斯梯尼，早年患有口吃病，幼年结巴，语音微弱，演说时常被人喝倒彩。他始终对自己信心百倍，为了克服疾病，每天清晨口含小石子，呼喊练习，终于成为口若悬河、辩驳纵横的演说家。

德国著名天文学家开普勒四岁时出天花，留下很多后遗症，后又患猩红热，高烧损坏了眼睛，成了高度近视。他终身受疾病折磨。但他从未失去自信，在贫病交加中无所畏惧，十余年来始终斗志昂扬，建立了行星运动三定律，为牛顿发现万有引力打下了基础。

塔哈·侯赛因，埃及作家，文学评论家，三岁时就双目失明，他顽强自信，留学法国，成为埃及历史上第一位博士，被誉为“阿拉伯文学支柱”。

诗圣杜甫因自信，而拥有了“会当凌绝顶，一览众山小”的气魄；诗仙李白因自信，而挥洒出“天生我材必有用，千金散尽还复来”的豪情；毛泽东同志因自信而树立了“自信人生二百年，会当水击三千里”的壮志；史铁生因自信书写出人生的宏伟篇章；女排因自信，捧起了阔别十七年的奖杯……他们是自信力最好的诠释者。

只要有自信，每个人都有在生活中取得成功的神奇能力。拥有自信，就算你不能和那些名人站在一起，就算不能进入福布斯排行榜，就算不能……这些都不重要，重要的是你可以成为平凡人中的佼佼者，成为公司提拔晋升的首选，成为同龄人中的榜样，你实现了你的人生价值，你活出了真我风采，这就是你最好的成功。

身处逆境之中，如果你不停地抱怨命运，认为生活亏欠了你，认为自己是世界上最不幸的人，那么，你已陷入了不自信的消极情绪之中。

不自信是可以理解的，然而却是不健康的，它是人自尊、自爱、自励和自信的对立面。不自信不利于人的振作，是人冲出逆境的绊脚石，甚至可以说，不自信的情绪就像一剂慢性毒药，侵蚀你的勇气和力量。不自信的心态发展下去，将使人在自卑中失去一切。人类发展的列车从不因怯弱者的呼叫而停留。如果你不想在平庸痛苦中草草结束一生，还想有所作为的话，那你就必须扔掉自卑的抹泪布。

有一位女讲师，第一次登台演讲时内心十分紧张。她一想到自己马上就要上场，面对上万名听众，她的手心都在冒汗：要是在讲台上一紧张，忘了演讲词怎么办？越想，她的心跳得越快，最后她甚至产生了打退堂鼓的念头。

这时一位前辈走了过来，问她怎么回事。她把自己的担心告诉了这位前辈，前辈听完她的话什么也没说，走进旁边房间里接着又走了出来，将一个纸卷塞到她的手里，轻声说道：“这上面写着你的演讲词，如果你在台上忘了，打开看看就行。”她像握着一根救命的稻草一样拿好这个纸卷，匆匆上了台。把那个写有演讲词的纸卷握在手里，她心里踏实多了，她在台上发挥得相当出色。

她高兴地走下讲台，向那位前辈致谢。前辈却笑着说："是你自己战胜了自己，找回了自信。其实，我给你的，是一张白纸，上面根本什么也没写！"她展开手心里的纸卷，果然上面什么也没写。她感到惊讶，自己凭着握住一张白纸，竟顺利地渡过了难关，获得了演讲的成功。

"你握住的这张白纸，并不是一张白纸，而是一份信心！只要你相信自己能做到，就一定能做到。"前辈说。

假使你不相信自己，那么一生中就无法成就重大的事业。著名的文化学者邹韬奋在《自觉与自贱》一文中这样说道："若自觉有所短而存在着自贱心理，便使自己甘居卑劣的地位，所得的结果只能是颓废。"这就很明确地指出了不自信的危害性。而实践也证明，在那些能够取得巨大成就的人身上，我们是丝毫看不到自卑的影子的。拿破仑曾说过这样一句话："默认自己无能，无疑是在给失败创造机会。"因此，防止陷入自卑，积极建立自信，是每个人都应当用心用力去做的。

提升自信的方法有：

(1) 在心中描绘成功蓝图。在自己的心中描绘一幅希望实现的成功蓝图，然后不断地强化这种印象，使它不会随着岁月的流逝而淡漠。不要怀疑不会实现，怀疑是威胁性的障碍。只要确定了目标，就要树立起坚定的必胜信念，要相信自己一定能够实现。

(2) 建立扎实的知识储备。这是建立自尊、提升自信的必备基础。没有必要的知识储备，自信就失去了根基。所以，必须要勤奋学习，完善自己的知识结构，专精且广博。

(3) 找到榜样。榜样的力量是无穷的。从自身的条件出发，找到一个与自己境况相似，最终获得成功的榜样，用他来不断地督促自己，激励自己，成为推动自己不断前进的动力。

（4）肯定自己的优点。天生我材必有用。自尊者必自信，从不妄自菲薄。提升自信就是要学会尊重自己，欣赏自己的优点。

（5）积极的心理暗示。每天用强而有力的语言重复十遍这样的话："我一定行""只要我想，我就能""我是最优秀的"。

（6）正确对待竞争。良性竞争是促使个体积极向上，争取进步的一种动力，因此不能否定社会竞争的必要性。强中更有强中手，胜利和失败、超前和落后是可以转换的。竞争中的失败并不是前程的断送，关键在于总结经验教训以利再战。

（7）正确地与别人比较。尺有所短，寸有所长。不要笼统地与别人比较，不要拿自己的短处和别人的长处相比较，应学会扬己之长，避己之短。

（8）交乐观的朋友。多与生活态度乐观、积极的朋友在一起，不要向诱惑低头，也不要浪费时间去阅读别人不幸的新闻。乐观积极的朋友能够感染你，帮助你树立信心。

（9）乐于助人。赠人玫瑰，手有余香。在奋斗的过程中，不要忘记乐于助人，爱心会提升你的自我认知，你也会找到更多的共鸣者和支持者，使你更有能量，更有自信。

（10）正视失败。失败是成功的基石，只要我们敢于正视失败，有信心和决心总结经验，完全可以克服和战胜各种困难，取得成功。

每个人都有很多潜能，都是一座金矿，只有先具备自信，才能斩断畏惧与怀疑，迎来成功曙光的力量，绽放生命的壮丽和辉煌。

轩辕悟道

有了自信，你的心中才能升腾起无尽的希望，蕴藏在你潜意识里的无穷精力、智慧和勇气才会被调动起来，每个人成就的大小，永远不会超出其自信的大小，它是成功人生的奥妙所在。而且自信是一种美好的精神，是做人的一种魅力，自信的人乐观豁达，能够正视竞争，能够正确地对待失败，能够欣赏自己的优点和缺点。因而自信会给予你人生神奇的动力，让你谱写出神奇的乐章。

有许多不可能只存在于我们的想象之中

1862 年 9 月，时任美国总统的林肯发表了《解放黑奴宣言》。在 1865 年美国南北战争结束后，一位叫马维尔的法国记者去采访林肯，他们有这么一段对话。

记者：“据我所知，上两届总统皮尔斯和布坎南都曾想过废除黑奴制度，《解放黑人奴隶宣言》也早在他们那个时期就已草拟完成，可是他们都没拿起笔签署它。请问总统先生，他们是不是想把这一伟业留下来，给您去成就英名？”

林肯：“可能有这个意思吧。不过，如果他们知道拿起笔需要的仅是一点勇气，我想他们一定非常懊丧。”

这段对话发生在林肯去帕特森的途中，马维尔还没来得及问下去，林肯的马车就出发了。因此，他一直都没弄明白林肯这句话到底是什么意思。

直到 1914 年，林肯去世 50 年后，马维尔才在林肯致朋友的一封信中找到答案。在这封信里林肯谈到幼年时的一段经历：“我父亲在西雅图有一处农场，因为农场里有许多石头，父亲才得以以较低的价格买下它。有一天，母亲建议把农场里的石头搬走。父亲说，如果可以搬走的话，主人就不会卖给我们了。它们是一座座小山头，都与大山连着。”

“有一年，父亲去城里买马，母亲带我们在农场里劳动。母亲说：‘让我们把这些碍事的东西搬走好吗？' 于是我们开始挖那一块块石头。不长时间，就把它们给弄走了，因为它们并不是父亲想象的山头，而是一块块孤零零的石头，只要往下挖一英尺，就可以把它们晃动。"

林肯在信的末尾说："有些事情一些人之所以不去做，只是因为他们认为不可能。其实，有许多不可能，只存在于人的想象之中。"

读到这封信的时候，马维尔已是76岁的老人了，就是在这一年，他正式下决心学外语。据说，1922年，他在广州采访时，是以流利的汉语与孙中山先生对话的。

是的，"有许多不可能，只存在于人的想象之中"。但是，透彻地明白这个道理的人却少之又少。我们常常可看到，在我们身边，大多数人，总是习惯于夸大困难，不愿去尝试和努力；他们往往被自己臆想中的困难吓住，脱口而出的往往是"我不行、我不能、我做不到"。要知道，一旦你这样告诉自己和别人，你就只注定了失败的结局。要想实现理想和目标，我们必须学着相信自己，相信一切皆有可能，不被问题的难度所困扰，拿出勇气去想应该怎样解决问题。不断地告诉自己"我行、我可以、我做得到"，在不懈的行动中，你会惊喜地发现，你真的做得到。

在非洲中部干旱的大草原上，有一种体形肥胖臃肿的巨蜂。巨蜂的翅膀非常小，脖子也很粗短。但是这种蜂在非洲大草原上能够连续飞行250千米，飞行高度也是一般蜂类所不能及的。它们非常聪明，平时藏在岩石缝隙或者草丛里，一旦有了食物立即振翅飞起。尤其是当它们发现这一地区即将面临极度干旱的时候，它们就会成群结队地迅速逃离，向着水草丰美的地方飞行。

这种强健的蜂被科学家称为"非洲蜂"。科学家们对这种蜂却充满了好奇。因为根据生物学的理论，这种蜂体形肥胖臃肿而翅膀却非常短小，在能够飞行的物种当中，它们的飞行条件是最差的。从飞行的先天条件来说，它们甚至连鸡、鸭都不如；从流体力学来分析，它们的身体和翅膀的比例根本是不能够起飞的，即使人们用力把它们扔到天空去，它们的翅膀也不可能产生承载肥胖身体的浮力，会立刻掉下来摔死。

但事实却是，非洲蜂不仅能飞，而且是飞行队伍里最为强健、最有耐力、飞得最远的物种之一。

哲学家们对此给出了合理的解释：非洲蜂天资低劣，但它们必须生存，而且只有学会长途飞行的本领，才能够在气候恶劣的非洲大草原活下去。简单地说，若是非洲蜂不能飞行，它就只有死路一条。

什么叫“超越自我”？非洲蜂给出了很好的答案。非洲蜂更让我们相信，在一个执著顽强的生命里，没有什么是不可能的，许多的不可能都是我们自己的想象。

不是吗？6000 年前的人们，不会认为手中的石器可能会被更为坚利的铁器所取代；1000 年前的人们，不会认为火药可能会造就一个新时代；500 年前的人们，不会认为水蒸气可能会推动生产力的飞速发展；100 多年前的人们，不会认为人类可能会实现飞天的梦想……如今，所有这些先人想象的“不可能”，都已成为我们的生活常识。事实上，整个人类的进步史，就是一部从不可能到可能，再从可能到现实的不断创新的历史。

那些大成者的成功故事，其实都告诉了我们这样一个道理：成功往往拒绝那些想象“不可能”的人，成功者的字典里从来没有“不可能”这三个字。永远不要消极地给自己设限，不要去想象什么事情是不可能做到的，只要你坚定信念，认为自己能，最后你就会发现你确实能。

就像拿破仑所说的：“‘不可能’是傻瓜才用的词。”处于现今这个时代，如果你总是想象不可能，你将经常站在失败一边。我们要把“不可能”的念头从想法里铲除掉，言语中不提它，意识中排除它，态度中去掉它，行动中抛弃它，不再为它提供理由，不再为它寻找借口，把这个词和这个观念永远地丢掉，而用“可能”来替代他。

这个世界上没有什么事情是百分百做不到的，每一个人的身上都蕴藏着无数的奇迹。只要用心去做，一切皆有可能。

轩辕悟道

很多的成功是在不经意中，有很多的失败是出乎意料的。世界万物都在不停地变化当中，祸福相依，贫富轮转，有些是遵循事物发展的规律，而有些则是隐藏在事物发展的内部，是人通常所察觉不到感觉不到的，因而导致人的错觉，判断的失误，总之，只要我们掌握了事物发展的自然规律，掌握了正确的方法，一切皆有可能。

第五章

我们是这个时代的精英

时代精英的本质

“精英”一词最早出现在17世纪的法国，意思是指“精选出来的少数”或“优秀人物”。精英是人世间最宝贵的财富。改造自然、改造社会靠精英，国家昌盛、民族兴旺靠精英。精英与文明相辉映，精英与进步相关联。人是创业的主体，是生产力诸因素中最积极、最活跃的“第一资源因素”，也是信息产业发展的决定力量。邓小平曾说过，精英不断涌现，我们的事业才有希望。可以说精英资源是世界发展所需要的诸多资源中最重要、最宝贵的资源。

精英是一个发展的动态的概念，是一个相对的历史的范畴。今天的精英，明天可能成为非精英；今天的非精英，明天也可能成为精英。精英是社会发展的产物，具有鲜明的时代性，在不同的历史时期和发展阶段，精英的内涵和特征各不相同。一般说来，在当今时代，最能反映精英本质的特征，主要有以下五个方面。

1. 社会性与时代性

精英，首先是人，是社会的人。正如马克思所说：“人的本质并不是单个人所有的抽象物。在其现实性上，是一切社会关系的总和。”所以，社会性是精英的本质属性之一。也就是说，精英以一定的方式生存在社会之中，总要受到一定的社会关系的制约，其行为方式，其创造和贡献必然打上社会的烙印。每个阶级的精英，还要打上阶级的烙印。精英是一个历史的范畴，不同的时代，不同的社会形态，精英的特征和要求有着不同的含义。考察和评价精英，就首先要求把精英放在一定的时代背景和社会条件下。社会在发展，时代在前进，精英也必然会随着社会关系的变化而变化，随社会要求的不断弃旧更新而不断深化和扩充自己的内涵与外延，那种完全脱离时代前进步伐的人，不管其天资如何聪颖，气质如何非凡，其终究难以有大作为，也就不称之为精英。

2. 创造性

精英是人，但又不同于一般的人。精英之所以称为精英，是因为他们具有一定的专业知识和比较强的技术能力，并从事创造性活动。创造性是精英最重要的本质和属性。精英的创造性主要表现在其创造能力和创新精神的统一，即在锐意进取、开拓创新、发现新情况、研究新问题、解决新矛盾、产生新思想或新成果的实践过程中，表现出相应的创造才能和创新精神。

3. 进步性

进步性是指精英在一定的社会历史条件下，对于推动历史前进，推动社会生产力发展，推动科学技术进步，促进人类精神文明和物质文明建设等起积极的作用。在历史上一般有两种人，一种是推动历史前进的人，另一种是阻碍历史发展的人。我们所说的精英，是能以自己的创造性劳动对社会发展和人类进步起推动作用的人。至于那些虽有才能，但逆历史潮流而动，对社会发展和人类进步起阻碍作用，则不是我们所说的精英，只能是没落腐朽的保守势力的代表。当然，这只是对精英的总体评价而言。现实生活中，有的人在某些领域有所贡献，仍然可算某方面的精英。如五代十国时的南唐后主李煜在政治上是个亡国之君和政治庸才，但在词学上却造诣甚高，其艺术性博得了人们的喝彩，成为著名的词家。英国哲学家弗朗西斯·培根是个利欲熏心、不择手段追求功名利禄的政客，但在哲学上却有着重大的贡献，因此被马克思称为“英国唯物主义和整个现代实验科学的真正鼻祖。”所以说这些负面的形象并不能否定精英进步性的特征。因为作为某一方面的精英，他必须是在某一特定的方面表现出进步性，以其创造性劳动为人类文明作出贡献。

4. 相对性

根据精英的分类，我们可以看到，精英是有层次、类型可分的；同时，精英定义又规定了精英的创造性与精英对社会作贡献的内涵，因此，“三百六十行，行行出状元。”精英不单指名家学者，也包括那些在平凡工作岗位上作出贡献的能工巧匠。创造性有高低，贡献有大小之分，创造性高、贡献大的精英为杰出精英，创造性贡献一般的称一般精英。我们的事业不仅需要伟大的政治家，也需要不同层次的其他干部；不仅需要杰出的经济学家，也需要善于经营管理的高、中、初级管理精英……可以说，只要有人们从事的行业，就有精英的涌现，只是有精英水平的相对差异而已。何况人有千百，形形色色，各有各的长处，有的人在某个行业、某个领域、某个方面一般，但在其他行业，领域、方面却可能会很突出。政治家是相对于政治活动领域来说的；军事精英是相对于军事领域来说的，而绝不可能到其他领域称为卓越精英。这些都说明了精英具有相对性。

5. 动态性

精英的自身总是在不断地发展、运动、变化的，从非精英变动为精英，从这一类精英转换到另一类精英，等等。在现代社会，由于科学技术迅速发展，边缘新学科不断涌现，人们的认知水平不断提高，精英类型转换趋势会更为明显，这些都说明精英具有动态性。

需要指出的是精英并不是指有名的人。别林斯基说：“一个人可以因为智慧和愚蠢，高尚和卑劣，勇敢和怯懦而同样地著称于世。”古希腊的赫罗洛斯特拉特是成名狂，他成名的捷径是一把火烧毁了古代艺术珍品阿泰密斯神庙。无独有偶，希特勒也臭名昭著于世。

成功与失败也并不是精英的标准。爱因斯坦说：“发现一条走不通的路，就是对于科学的一大贡献。”这正如失败是成功之母。对于政治人物，也同样不能以成功失败来论精英，而要看他对于历史的作用。

根据精英的本质，根据自己的爱好、才能、身体等方面选好目标，将自己的成才目标提升到为社会进步作贡献的层面，我们就能够产生一种追求知识、不计个人得失的创造性劳动的动力；我们就能够以巨大的恒心和毅力，修养自己的德行，提升自己的实力，不断创新。持之以恒地坚持下去，你一定能成为时代最宝贵的精英，实现自己的远大理想！

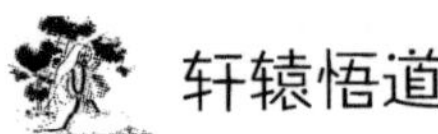

轩辕悟道

每个时代的精英都有他时代的特性。革命英雄是革命战争时期的精英，实现中国梦是我们现时代的精英所应该具备的特性。我们要认知现时代社会发展的规律，选择正确的发展方向和人生目标，在不同岗位上，为社会做出我们力所能及的贡献，那么这样的每一个我们就是现时代的精英。

努力让自己成为圆心，而别人是半径

从降临到人世开始，每个人都希望自己能成为一个圆的圆心，成为一个团队的核心人物，把你周围的人凝聚在你身边，让别人成为圆的半径。其实，这并不困难，只要你拥有一颗不懈追求卓越的心。

就像心理专家告诉我们的那样："我们无法控制生命的长度，但我们完全可以把握生命的深度！其实每个人都拥有超出自己想象 10 倍以上的力量。要使生命增值，唯一的方法就是在职业领域中努力地追求卓越！"

追求卓越，是每个人改变自己命运的基本要素。追求卓越，就是指不随波逐流，而是全力以赴去做有意义的事，而且能够比别人做得更好。追求卓越，就是指尽一切能力，在现有的条件下创造出一种更完美的境界。

有什么样的目标，就有什么样的人生；有什么样的追求，就能达到什么样的人生高度。只有追求卓越，才会勤奋工作，超越平庸，主动进取，才能取得职场上的成功，才会拥有精彩卓越的人生。

内蒙古一家知名实业公司的王老板出身贫寒，在19岁那年，他独自一人带着6个窝窝头，骑着一辆破自行车，从小山村到离家80千米外的城里去谋生。

他好不容易在建筑工地上找到了一份打杂的活。一天的工钱是17元，这对他而言只够吃饭，但他还是想尽办法每天省下1元钱接济家人。

尽管生活十分艰难，但他还是不断地鼓励自己，为此他付出了比别人更多的努力。两个月后，他被提升为材料员，每天的工资加了1元钱。靠比别人多付出，他初步站稳了脚跟。之后，他想继续寻求新的发展。他认为：要在新单位站稳脚跟，就得更多地得到大家的认可，甚至成为单位不可缺少的人。那么，怎样才能做到这点呢？

冥思苦想之后，他终于想到了一个小点子：工地的生活十分枯燥，他想，能不能让大家的业余生活过得丰富一点呢？想到这儿，他拿出自己省下来的一点钱，买了《三国演义》《水浒传》等名著，将故事背下来，讲给大家听。这样一来，晚饭后的时间，总是大家最开心的时候，每天，工地上都洋溢着工友们欢快的笑声。

一天，老板来工地检查工作，发现他有非常好的口才，于是决定将他提升为公关业务员。

一个小点子付诸实践后就能有这样的效果，他极受鼓舞。于是，他便将自己的特长运用到工作的各个方面。对工地上的所有问题，他都抱着一种是自己的事的心态去处理。夜班工友有随地小便的习惯，怎么说都没有用，他想尽办法让大家文明如厕；一个工友性格暴躁，喝酒后要与承包方拼命，他想办法平息矛盾，做到使双方都满意……

别看这些都是小事，但领导都看在眼里。慢慢地，他成了领导的左膀右臂。

格言说："人类的信念在于自强不息地追求卓越。"在人生中，追求卓越，并不是指单纯地追求工作业绩，它也不是一种硬性可计量的标准，它是一种心态。在实际的工作中，你要将自己最擅长的能力发挥出来，应用到你的工作和事业上。不要满足于尚可的工作表现，要做最好的、最完美的，你才能成为不可或缺的圆心，让别人成为半径。

追求卓越，还需要具备这样的一些心态和举措：

（1）看重一点点。要知道只差一点点就差很多。要把工作推向成功，就要每天进步一点点。今天比昨天进步一点点，明天比今天进步一点点，这就是成功的过程。

（2）比任何人都努力。努力工作是成功最快的途径。不愿意付出努力就想成功，是不可能的事。小付出、小努力也不会成功的。一定要加倍努力，双倍努力不够，就三倍甚至十几倍，只要你比任何的竞争对手都努力，你就会非常自信，你就一定会超过所有的竞争对手，迈向成功的巅峰。

（3）无止境的追求完美。成功学认为，成功的一个秘诀就是要把事情做得比最好的还要好。当你在工作中坚持追求完美的时候，你的事业就会突飞猛进。你就会发现你不能接受所有不良的表现，永远没有最好，只有更好。

（4）超越竞争对手。找一个竞争对手，去了解对方，研究对方，想方设法超越对方，并形成习惯。如果你打算在你所处的领域成为顶尖，你现在就应该确定研究谁、超越谁，迎头赶上。

（5）要有计划和准备。要追求卓越，做事就要有计划和准备。没有计划就等于计划失败，没有准备就等于准备失败。计划你实现目标所遇到的障碍有哪些，然后想办法解决它们。同时，要把这个目标分割成年目标、月目标、日目标。详细到可以衡量进度，每一个要采取的行动。每天只要做完这些事，就有可能帮你实现月目标、年目标，成功就在把握之中。

一个人能否成为圆心，让别人成为半径，关键看他能否做什么都追求卓越，力求最好。成功者无论从事什么工作，都不会轻率疏忽，满足现状。相反，他会在工作中以最高的规格要求自己，能做到最好，就必须做到最好。

“任何值得做的事，都值得做好；任何值得做好的事，都值得做得尽善尽美。”在生命的珠峰上，那位成为昂首向天，笑傲群山的核心人物，那位让别人成为半径的圆心人物，必定是怀着执著的信念与热情，不断追求卓越的人。

轩辕悟道

一个人要想成为圆心，不只是把自己的工作做好就可以，还要做得出色，还要有对人生和事业有持续不断的信念与热情，还要在应该帮助别人的时候能够帮助别人，具备了这些你就能成为一个卓越的人，而且你会成为别人的圆心。

激发无限潜能，让成功变成一种习惯

潜能，简言之，是潜在的能力，是指一个人身上现在没有反映出来、将来可能显现的潜在力量。由于潜能有未显性和可以诱发性的特征，所以虽然并未表现出来，不过一旦外化，与活动联系起来并产生活动效果，就会变成显在的能力。

对于潜能，美国著名的神经语言学家罗宾是这样比喻的：“一个人自身的潜能犹如沉寂的火山，一旦被叩醒，便会产生出所向披靡的骇人力量。”

奥图博士则说："如果人类能开发大脑的一半以上潜能，就可以轻轻松松地学会40种语言，记忆整套百科全书，并获得12个博士学位。"

生理学专家经研究后说，就算是爱因斯坦和爱迪生这类的超级天才，他们一生所使用的潜能也不到2%。那些未了解也未引爆潜能的人们，更是不自知地让自身巨大无比的能量沉睡、浪费。

最新研究表明，一个正常大脑的记忆容量能够储存大约6亿册书的知识总量，也就是说，我们的大脑容量是一部大型电脑储存量的120万倍。

潜能蕴涵了人类数百万年来遗传基因层次的资讯，是成功最关键的力量。华人首富、长江实业董事局主席李嘉诚先生曾说："一个人成就的高低，与他本身的学历、背景、相貌等都没有直接或必然的关系，关键在于是否能充分发挥与生俱有的潜在本能（潜能）。"

的确，人们激发的潜能越大，成就便越大。李嘉诚本人就是最好的例证。他生于一个贫困的家庭，为了生计，他早早地离开了学校去赚钱。但是他从小事一点点认真做起，由一个贫穷的孩子迅速蜕变成为一个超级富翁，获得了极大的成功。

没有高学府的学历，没有显赫的背景，没有出众的相貌，他为何能成功，而且能够让成就的雪球越滚越大？关键原因就是他在自己的努力下，激发出了巨大的潜能，所以他让成功成为了一种习惯！

无疑，在我们的生活中，有很多人终其一生只不过是普通人。不可否认，他们或许曾有理想，也曾坚持过，但最终并没有实现；有抱负，但经受一点挫折，就抱怨社会不公，感叹自己怀才不遇；有勇气，但被琐碎的生活打磨得所剩无几……但是总有一些人不安于平凡的生活，不断地树立目标，然后去挑战自己。他们的潜能被不断地唤醒和激发，他们的力量越来越强大。这个时候，成功对他们而言，就像习惯一样简单而自然！

英莉在年幼时就被诊断出患有癫痫。她的父亲习惯每天晨跑，有一天她兴致勃勃地对父亲说："爸爸，我想每天跟你一起慢跑，但我担心中途会病情发作。"她父亲回答说："万一你发作，我也知道如何处理。我们明天就开始跑吧。"

于是，十几岁的英莉就这样与跑步结下了不解之缘。和父亲一起晨跑是她一天之中最快乐的时光，跑步期间，英莉的病一次也没发作。

几个礼拜之后，她向父亲表示了自己的心愿："爸爸，我想打破女子长距离跑步的世界纪录。"她父亲替她查吉尼斯世界纪录，发现女子长距离跑步的最高纪录是 80 英里。

当时，读高一的英莉为自己订立了一个长远的目标："今年我要从橘县跑到旧金山（400 英里）；高二时，要到达俄勒冈州的波特兰（1500 多英里）；高三时的目标到圣路易市（约 2000 英里）；高四则要向白宫前进（约 3000 英里）。"

虽然英莉的身体状况不是很好，但她仍然满怀热情与理想。对她而言，癫痫只是偶尔给她带来不便的小毛病。她从不因此消极畏缩，相反地，她更珍惜自己已经拥有的。

高一时，英莉穿着上面写着"我爱癫痫"的衬衫，一路跑到了旧金山。她父亲陪她跑完了全程，做护士的母亲则开着旅行拖车尾随其后，照料父女两人。

高二时，她身后的支持者换成了班上的同学。他们拿着巨幅的海报为她加油打气，海报上写着："英莉，跑啊！"但在前往波特兰的路上，她扭伤了脚踝。医生劝告她立刻中止跑步："你的脚踝必须上石膏，否则会造成永久的伤害。"

她回答道："医生，你不了解，跑步不是我一时的兴趣，而是我一辈子的至爱。我跑步不单是为了自己，同时也是要向所有人证明，身有残缺的人照样能跑马拉松。有什么方法能让我跑完这段路？"

医生表示可用黏合剂先将受损处接合，而不用上石膏。但他警告说，这样会起水泡，到时会疼痛难耐。英莉二话没说便点头答应。

英莉终于来到波特兰，俄勒冈州州长还陪她跑完最后一英里。一面写着红字的横幅早在终点等着她："超级长跑女将。"英莉在17岁生日这天创造了辉煌的纪录。高中的最后一年，英莉花了四个月的时间，由西岸长征到东岸，最后抵达华盛顿，并接受总统召见。她告诉总统："我想让其他人知道，任何人都有潜能，癫痫患者也是，他们与一般人无异，只要他们愿意，他们也完全可以过上正常的生活。"

人的潜能是目前人类科学所无法测定的，就像奥林匹克运动，许多项目都被不同国家的运动员一次次破纪录，但永远没有终极的纪录。人只要乐观向上，不失去信心，有勇于创新的精神，加上持之以恒的毅力，那么我们的潜力就是无穷的。

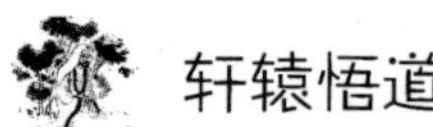

轩辕悟道

随着历史的发展、文化的进步，我们很容易就能发现，人类本身的潜能也在一步步显露出来。当许多人认为我们本身的潜能发挥到极限时，我们往往能有出其不意的突破。这些对于一个悲观和没有坚持能力的人来说是不可想象和企及的。

第六章

吃苦等于吃补

吃苦是在走升级的进度条

我们总是羡慕那些成功人士，能够享受到那些高质量的生活，每天不用多劳碌也依旧能够衣食无忧。可是我们却忽略了成功之前的他们。他们中的很多人曾经也和我们一样，是茫茫人海中的一名普通人，可是因为他们能吃苦，并且在困苦的磨难中坚持下来，所以他们在不断升级的力量中收获了成功。

“艰难困苦，玉汝于成。”吃苦是考验人、磨炼人，更是成就一个人的良师。吃苦是一种勇气、一种素质、一种人生的境界，它贯穿于一个人为远大目标奋斗的全过程。每一次吃苦都使我们变得更加坚强，更加成熟。世上没有白吃的苦，你今天吃的每一分苦，都为自己未来的成功和辉煌积攒了一分胜算和希望，都能使未来更加幸福。

东汉时候，有个人名叫孙敬，是著名的政治家。他年轻时勤奋好学，经常关起门，独自一人不停地读书。每天从早到晚读书，常常是废寝忘食。读书时间长，劳累了，还不休息。时间久了，疲倦得直打瞌睡。他怕影响自己的读书学习，就想出了一个特别的办法。古时候，男子的头发很长。他就找一根绳子，一头牢牢地绑在房梁上。当他读书疲劳时打盹了，头一低，绳子就会牵住头发，这样会把头皮扯痛，马上就清醒了，再继续读书学习。这就是孙敬“悬梁”的故事。

战国时期，有一个人名叫苏秦，也是出名的政治家。在年轻时，由于学问不多不深，曾到好多地方做事，都不受重视。回家后，家人对他也很冷淡，瞧不起他。这对他的刺激很大。所以，他下定决心，发奋读书。他常常读书到深夜，很疲倦，常打盹，直想睡觉。他也想出了一个方法，准备一把锥子，一打瞌睡，就用锥子往自己的大腿上刺一下。这样，猛然间感到疼痛，使自己清醒起来，再坚持读书。这就是苏秦“刺股”的故事。

宝剑锋从磨砺出，梅花香自苦寒来，要想拥有别人没有的成就，你首先要比别人能吃苦。吃苦就是吃补，这条医药常识同样适用于我们的人生。只有经历艰难困苦，才能真正树立起面对困难的信心；只有经历艰难困苦，才能培养起钢铁般的意志。吃苦，唤醒了隐藏在我们生命最深处的巨大潜能，让我们的意志更加坚定，让我们更加优秀，成为生命中的强者。

世界超级小提琴家帕格尼尼可以说是一位善于用苦难的琴弦将天才演奏到极致的奇人。

帕格尼尼的人生是充满苦难的。在他 4 岁时，一场麻疹和强直性昏厥症，差点要了他的命；7 岁时，他又患上了严重的肺炎，不得不进行放血治疗；46 岁时，他的牙床突然长满脓疮，只好拔掉几乎所有的牙齿。牙病刚刚好，他又染上了可怕的眼疾，幼小的儿子成了他手中的拐杖。年过半百后，关节炎、肠胃炎等多种疾病又时刻吞噬着他的肌体。后来，他的声带也坏掉了，只能靠儿子按口型翻译他的思想。他只活了 57 岁。

但是，面对种种困境，他并没有沉沦。他不仅用独特的指法、弓法和充满魔力的旋律征服了整个世界，而且发展了指挥艺术，创作出《随想曲》《无穷动》《女妖舞》和 6 部小提琴协奏曲以及许多闻名世界的吉他演奏曲。

欧洲所有像大仲马、肖邦、巴尔扎克、司汤达等世界著名的文学艺术大师，几乎都听过帕格尼尼的演奏曲，并为之激动。音乐评论家勃拉兹称他是“操琴弓的魔术师”，歌德评价他是“在琴弦上展现了火一样的灵魂”，李斯特大喊：“天啊，在这 4 根琴弦中包含着多少苦难、痛苦和受到残害的挣扎着的生灵啊!”

“自古英雄多磨难，从来纨绔少伟男”，纵观历史上取得非凡成绩的所有成功者，哪一位不是在艰苦的逆境中成长起来的呢？他们经历的挫折哪个不比常人更多、更大？吃苦是成功的垫脚石，一个不吃苦的人，是不能够坚强起来的；同样，不经过挫折磨励的成功，都是脆弱的。成大事者最大的优点就是能吃苦，只有具有吃苦精神才能让自己离大成越来越近，才能让生命之花绽放得更美。

轩辕悟道

成功学大师卡耐基说：“苦难是人生最好的教育。”一个人如果能吃常人不能吃的苦，必然能做常人不能做的事。吃苦就是补意志，补知识，补才能，补道德，补灵魂。吃苦就是在走人生的进度条。所以，当遭受苦难之时，请自我勉励，真诚面对，把它当作一种心志的历练与灵魂的洗练。

别让心灵因伤“致残”

在曲折的人生道路上，有阳光和花香，但也会有风雨和悲伤，当生活中种种不幸突如其来时，人们的心灵往往会受到不同程度的创伤。心灵的创伤有的是必然的，有的是偶然的；有的是个别人带来的，也有可能是社会造成的。无论原因如何，这种伤害都深深地埋在心灵的深处，使人痛苦、使人悲伤，使人难以挣脱，甚至会因伤致残，一蹶不振或者误入歧途。

被人欺骗，被人凌辱，被家庭、社会遗弃，被舆论遣责，信念的动摇，亲人的故去，朋友的背叛等，都会使人的心灵遭受创伤。

有心灵创伤的人从时间上讲大致可分为如下几类：一类是有较长时间

的心灵创伤史，一类是刚刚发生的心灵创伤事件。前一种创伤的表现症状特点是，虽然是多年前的心灵创伤，但却时时引起痛苦。这或是由于未能及时治疗，病情由轻变重发展的结果；或是由于心灵创伤还未痊愈，故而隐隐作痛；或是由于创伤的表面虽然被时间流逝的冲刷平缓了伤口，但却留下了病根，一遇到某种气候，便要疼痛不已，痛苦难耐。

后一类创伤的主要表现特点是，对人身心的打击十分严重，是病人极度痛苦的时期，其行为往往带有偏激性，常常缺乏理性，凭感情用事。与前者相比，后者更加缺乏理性。

既然都是心灵创伤，它们的相同之处也还是很多的。如无论心灵创伤史的长短，其发生都往往是主观上意想不到的，往往是很突然的；心灵创伤一旦发生，病情便具有持续性，若不加医治，便会无休无止地发展、加重；心灵创伤还具有诱发其他病症的作用，成为其他病的病因。

沉浸在心灵创伤中，不仅会降低人们的心理势能，影响生理功能的正常运转和脑力水平的正常发挥。还会导致情绪化的处事态度，产生对“未来”的无望心境，甚至失控地走上绝望的路。

因此，心灵受到创伤的你，要懂得如何自己疗伤，别让你的心灵因伤致残，既然受到了伤害，最重要的是“吃一堑，长一智”，总结经验，重新整装出发，不要让你的心灵从此封闭。要抱着乐观的心情，遇到困难、艰险，是成功路上的常事，我们能力有限，并不能左右全局的发展趋势，我们能做的只是改变自己，改变我们的心态，接受这些挫折、磨难，接受这些成功路上的不快，让我们得到风雨的洗礼，得到心灵的成长。

一个几经失败、非常失意的中年人，走出自己破旧的家，爬上一棵樱桃树想要自杀。就在他决定跳下去的时候，附近学校的学生放学了，成群的小孩子朝着这里走了过来，他们看到失意的中年人，好奇地问道：“叔叔，你站在树上干什么？”

总不能告诉孩子们自己想自杀吧，中年人只好说："我在看风景。"

小学生们说："你看到脚下的樱桃了吗?"中年人低头一看，真的发现树上结满了大大小小的红樱桃。

就在中年人发愣的时候，一个孩子问道："叔叔你可以帮我们摘樱桃吗?"

另一个孩子也说道："我们爬不到那么高，你只要用力摇晃一下，樱桃就会掉下来了。谢谢，拜托啦!"

看着孩子们纯真的脸，本来没什么兴趣的中年人只好答应帮忙。他开始在树上又摇又跳，很快一颗颗红红的樱桃纷纷从树上掉下来，孩子们兴奋地捡着樱桃，等孩子们带着欢快的心情离开后，站在树上的中年人却再也没有自杀的心情了。

他从树上爬下来，捡了一些地上的樱桃慢慢走回家，看着依然破旧的家，失意的人依然失意。但晚餐时他的老婆孩子却高高兴兴地吃着他带回来的樱桃，看着快乐的家人，中年人忽然有一种感动！那是发自心灵的感动，他暗暗想着：也许像我这样的人应该继续活下去。

事实上，人世间几乎没有心灵从未受过创伤的人。

人间的真情浪漫转瞬即逝，幸福的橄榄树还没有长出绿叶，却已让心灵留下种种伤痕。也许我们的心灵很疲惫，于是急切地寻找着新的方向，也许冷酷的遗忘并不是我们最好的选择，也许一个会意的目光、一个善意的微笑、一句轻轻的问候，才能抚慰我们心灵的创伤。

因为社会不可能按着个体想象的方式存在，只会按自己独特的方式发展下去，而且人生不如意事十有八九，每个人在成长的过程中，都会遇到风雨的洗礼，生活中难免会受到这样那样的伤害。因此，人要学会抚慰受到创伤的心灵，不要让心灵因伤致残。

1. 正视现实，面对未来

其实，真正可怕的并不是一次失败、一次失足，可怕的是我们不能正视过去，面对现实，而总是沉湎于过去失败所造成的阴影中。我们应该相信过去的终究已经过去了，总结经验，面对未来才是我们的目标。

2. 寻找创伤的根源，摆脱心灵的痛苦

现实生活中，我们许多人都无可避免地会犯错误，我们不妨也找一找我们心灵创伤的根源，如果我们认识到，引起我们创伤的理由是不成立的，那么心灵的痛苦就能涣然冰释。

3. 提高对心灵创伤的认识，升华自己的精神境界

努力学习，努力提高自己对社会、对道德、对真理、对客观世界的新认识。只有这样，才能使自己对经受过的心灵创伤抱有冷静、科学的态度，对其原因、后果、责任及今后的影响得出正确的理论判断，使心胸更加开阔，对世界更加宽容。新的认识自然会使自己以往的心灵创伤在生活中得到很大程度的解脱。

4. 正视你的怨恨，既往不咎

你或许仇恨某人，但不想为人所知，只好把它闷在心里，然而，怨火却在自己心中燃烧，影响着自己的情绪，影响着彼此之间的关系。如果我们承认了怨恨，我们就会不知不觉地对他人采取谅解的态度。面对伤害过你的人，我们可以直言不讳地对他说：“你这样对我是不公平的，是错的。”

5. 奉献社会，享受人生

既要在事业上力争一流，又要有颗淡淡平常心；既要精益求精于专业知识，又要有多姿多彩的休闲爱好。生活中适当娱乐，不但能调节情绪，舒缓压力，还能增长新的知识和乐趣。这样，人的心境和情绪，认知和感觉才能有深度和广度，才能“不以物喜，不以己悲”，常“坦荡荡”而不“常戚戚”。

心灵的创伤几乎是人生成长的必修课。美国“成功学”的创始人希尔指出：“自然经常是先给某些人重重地一击，让他们倒伏于地，看谁能爬起来再投入人生之战场。那些勇敢的跃进者就被选择为命运的主人……”

人生短暂，别让心灵因伤“致残”，走出黑暗的角落，让那些痛苦留在尘封的回忆中，重新扬起你理想的风帆吧，轻松前行，找到下一个人生的突破口才是你的当务之急，不要让泪水模糊了你寻找成功的视线，不要让你的心灵负重前行，连残疾人都没有放弃自己生活的激情，作为一个健全人，你又有何种借口来放弃追求自己的新生呢？

只要你及时的抚平心伤，你心灵的肌体再生力会越来越旺盛，你会更加宽宏、有远见和睿智。面对笑脸面对风云变幻，从中感受身边存在的点滴快乐，并找到战胜自我的宝。

轩辕悟道

人生当中有生活的苦难，有精神的痛苦，失败的打击，但人不要因伤而心残，要把这些磨难当作人格的升华和一次次心灵的净化，把人生的一次次风浪当作大海的一个个浪涛，我们在与风浪的斗争中也有快乐和收获，只要我们有顽强的心智，即使充满荆棘的小道我们也能开凿一片幸福的天地！

扔掉没甜头的“苦甘蔗”

苦无处不在，无人不曾吃过。为了能成为“人上人”，为了能实现目标，越来越多的人愿意意志坚强、不屈不挠地去吃苦。但是，我们常常可以看到，不少人往往倾注了毕生的精力去咀嚼各种困难各种苦，却仍然没能实现理想，仍然没能成为“人上人”。是他们吃的苦还不够多吗？是他们的意志力还不够坚定吗？

其实，如果你确实努力地吃了很多苦仍然不成功的话，那就不是你努力不够的问题，而是努力方向与你的才能是否匹配的问题了。这时候最明智的选择就是赶快扔掉没甜头的“苦甘蔗”，及时调整、及时掉头，寻找到真正适合自己的新方向。

成功幸福的人生，其实人人都可以拥有，但是首先你一定要清楚自己所站的方向和位置。正所谓：选择不对，努力白费，你可以成为流芳百世的诗人，你可以成为叱咤商界的富商，你可以成为呼风唤雨的领袖，你甚至可以成为著名的艺术家、科学家……这样的人生都是灿烂辉煌的，都是瞩目绚丽的，都是值得人们为之付出、为之投入的方向，但是这些方向却未必对所有人都适合。

在有限的人生长度里，在有限的精力里，为了能够更快更好的实现人生价值，我们必须要在这些方向中选择一个最适合自己的，找准自己的最佳位置，这个步骤越快越好，越早越好，因为这意味着你会少走弯路，意味着你有更多的时间和精力在适合的方向和位置做出更大的成就。

奥托·瓦拉赫是诺贝尔化学奖的获得者，他的成才经历充满了传奇色彩。在他开始读中学时，父母为他选择的是一条文学道路，不料一个学期下来，老师对他写下了这样的评语：“瓦拉赫很用功，但过分拘谨，这样的人即使有着完美的品德，也绝不可能在文学上发挥出来。”此时父母只好遵从老师的意思，让他改学油画。可瓦拉赫既不善于构图，也不会润色，对艺术的理解力很差，成绩在班上是倒数第一，学校的评语更是令人难以接受：“你是绘画方面的不可造之才。”

面对如此笨拙的学生，绝大多数的老师认为他已成才无望，只有化学老师对他做事一丝不苟的态度赞赏有加，认为他具备做好化学试验应有的品格，建议他去学化学。父母接受了化学老师的意见。这下子，瓦拉赫智慧的火花在瞬间被点燃了。绘画方面的“不可造之才”一下子变成了公认的化学方面的“前程远大的高才生”。在同学中，他的成绩一直遥遥领先。

瓦拉赫的成功告诉我们这样一个道理：人的智能发展是不平衡的，都有强势和弱势。一个人一旦找到了自己智能的最佳点，使智能潜力得到充分的发挥，便可以取得惊人的成绩。这一现象也就是人们所说的“瓦拉赫效应”。

遗憾的是，世界上有半数的人从事着不适合自己的职业，他们常常没有看到真正适合自己的方向，即使它已经来到了我们身边，他们却仍然视而不见，反倒是盲目地跟随别人的脚步，在那些不适合自己的方向和位置，咀嚼着没有甜头的苦甘蔗，挣扎在烦恼的边缘。

西德尼·史密斯说：“不管你擅长什么，都要顺其自然；永远不要丢开自己天赋的优势和才能。”在职业生涯的选择方面，我们一定要注意扬长避短。只有当你选择了适合自己的工作，找到了适合自己的位置时，才有可能获得成功。就像一个火车头一样，它只有在铁轨上才是强大的，一旦脱离轨道，它就寸步难行。

乔治毕业于法国一所著名的工程学院，毕业后，他毫不费力地找到了一份专业对口的工作。然而几年后，他越干越力不从心。后来，他回忆说，当工程师需要一种严肃而自律的精神，可是自己恰恰缺少这种精神。与此相反，他性格外向，富有亲和力，又特别喜爱四处活动。按部就班的工程师工作很难使他获得心灵上的满足，提高不了工作的积极性，无法在这个行业实现事业的突破，所以他很苦闷。在一次经济大萧条中，乔治被淘汰出局，成为一名失业者。这一次，他准备寻找一份适合自己的工作。抱着试试看的心态，他进入了一家工程销售公司，负责技术产品的销售。结果他的特长渐渐得到了发挥，不到两年，他成了一名颇有成就的职业经理人。

任何一件事情的成功，除了坚持，还需要对客观环境和自身的条件有清楚明确的认识。知人者智，自知者明，找到自己适合的方向，远胜于一条道跑到天黑。因此，我们必须面对现实，对于没有甜头的苦甘蔗，对于无法实现的人生理想，该放手的时候一定要放手，懂得适时地放弃，才能做出正确的选择。根据自己的环境、条件、才能、素质、兴趣等，确定进攻方向，找到自己的最佳位置，找准属于自己的人生跑道。

轩辕悟道

世上的路千万条，最难是找准适合自己的路，很多人一时很难弄清楚适合自己的方向和位置，这就需要你在实践中善于发现自己、认识自己，不断地了解自己爱干什么，能干什么，不能干什么，如此才能取己所长，避己所短，进而取得成功。

第七章

最伟大的力量是爱

德能服人，爱能感天

顾名思义，德就是指人的道德品质和行为操守。德是引导人们追求至善的良师，是催人奋进的引路人；无论是人与人之间的关系，还是人与自然之间的关系，德都起着举足轻重的平衡和谐作用。一个自私自利的无德之人在社会中被人厌恶、鄙弃，受到孤立，而充满爱心的有德之人则让人发自内心的信服、感动、敬佩。

追求和修炼自身的道德和爱心，以德服人，以爱感天是人生处世的基本法则，也是大成的牢固根基。有道德和爱心，便可以坦荡，可以无私无畏、无拘无束、无尘无染。有道德和爱心，便能够豁达，能以海洋和天空般博大的胸襟，升华自己的人生价值……

让我们来看一看丛飞的故事：

从1995年丛飞正式认养第一批辍学儿童至去世，他已经资助了来自湖南、贵州、云南、四川等地的贫困学生约146人，其中有布依族、苗族、彝族、白族、羌族等十多个少数民族。甚至在他身患癌症住院治疗的前一年，他还在贵州省毕节地区织金县认养了32名贫困学生，资助孩子的总数更是达到了178人。

就在丛飞身患晚期胃癌，自己生命垂危的情况下，他仍然牵挂着他的那些孩子们，把别人捐赠给他的医药费捎给他们当学费、生活费。他在病房里，收获了来自社会各界对他的关爱，他的爱心接力棒被更多人接了过去、传了开来。

躺在病床上的丛飞非常乐观坚强，可是当时的他已然无声，因为癌细胞已经浸入了他的声带，他根本没有办法说话。2005年4月22日，丛飞住进医院，被诊断为晚期胃癌。5 月 13 日，深圳市人民医院为丛飞实施手术，但打开腹腔后才发现癌细胞已经扩散到全身脏器。一位医学专家回答记者提问时说："他的癌细胞已经广泛扩散，太迟了。如果他能够提早半年手术，一切都会不同。"然而在丛飞生死攸关的半年里，记者在他的工作记录里看到的却是这样一组数字：

2004 年 10 月，参加各类文艺演出 25 场，到深圳莲花北村残疾人康复站义演 2 场，其中两场是收费的商业演出，2 万元收入全部给贫困生交了学费；

2004 年 11 月，持续高烧、胃部疼痛的丛飞坚持到养老院、福利院及监狱义演了 8 场，到莲花北村残疾人康复站义演 4 场；

2004 年 12 月，丛飞开始吐血、便血，胃部剧烈疼痛，在止痛药的支撑下演出了 16 场，仅 12 月 25 日圣诞节当天就演出 3 场。这 19 场演出中，只有一场是有收入的商业演出，其他不是友情赞助就是慈善义演；

2005 年 1 月，丛飞的病情继续恶化，全身开始剧烈疼痛，但他还是以常人难以想象的毅力参加了 6 场为海啸灾区赈灾的义演……

"我有三个'头衔'——'傻子''疯子''神经病'!"丛飞承认，听到这些称谓起初他也不高兴，但是后来他想通了。他说，他希望得到人们的理解，但他同时认为不可能做到每个人都理解，因为"人与人的生活目标不一样，对生活的理解不一样"！丛飞说，其实在深圳像他这样的傻子还有很多很多，"义工做得好的大有人在，默默奉献的人也大有人在"，而他说自己，"是一个平凡而普通的人，只是按照自己对生活的理解在生活，讲句实在的话，是深圳这块热土培育了我，给了我施展才艺的舞台，让我有更多的钱帮助别人，"丛飞说，"我傻，还要心甘情愿地傻下去。"

多么让人佩服敬仰的德啊，多么质朴感人的爱啊。服人以德，感人以爱；以德服人，不必言语教导而人谕；以爱感人，不须言语而意自明。这都是发乎自然的情感力量，也是道的力量。

古语云："遇欺诈之人，以诚心感动之；遇暴戾之人，以和气熏蒸之；遇倾邪私曲之人，以名义气节激励之；天下无不入我陶冶矣。"意思是说，遇到狡猾欺诈的人，要用赤诚之气来感动他；遇到性情狂暴乖戾的人，要用温和态度来感化他；遇到行为不正自私自利的人，要用大义气节来激励他。假如能做到这几点，那天下的人都会受到我的美德感化了。

无论是在生活中，还是在工作中，我们都应该修养仁义礼智信，温良恭俭让的美德，也让我们共同牢记立信守则："以德服人、以爱感天"，做一个大写的"人"，一个真正实现巨大人生价值的人。

轩辕悟道

德和爱是古人和今人一直所提倡的，是我们中华民族传统的风范和美德，它是我们物质文明、精神文明、政治文明的重要基石和标志。因为它是冬日的阳光，夏日的清泉，黑夜的灯塔，所以只有具备德和爱的人才能实现更伟大的人生价值，才能体会到人生真正的意义和幸福。

真正的爱是伴随着行动的爱

美国诗人德兰克说："行动才是果实，言辞不过是树叶！"路，之所以遥远，是因为我们从未迈开第一步；爱，之所以虚幻，是因为我们总是在原地踏步。再伟大的爱，如果不采取行动，也无法到达。只有立即行动，迈开脚步，才能让爱沐浴到阳光，开成灿烂的风景。

在一堂品行课上，教授为学生们讲了一个故事：有个国王，他有三个儿子，他很疼爱他们，每一个儿子看起来都很优秀，他实在不知该传位给谁。

最后，他问三个儿子："你们说，如果传位给你们，你们将如何对待我呢?"

大儿子说："我要把父王的公德制成帽子，让全国的百姓天天把您戴在头上歌颂您。"

二儿子说："我要把父王的公德制成鞋子，让普天之下的百姓离不开您，让他们明白，是您在带领他们，您就是他们的精神领袖。"

小儿子说："我只想把您当作普通的父亲那样，永远放在心里，我要用自己的努力回报您对我的爱。"

最后，国王把王位传给了小儿子。

教授讲完后，说："现在，请记得父母亲生日的同学举起手来。"

举手者寥寥无几。

"现在，寒假里给父母亲洗过脚的同学请举手。"这是他放寒假前布置的一项作业，没有做到的同学将被扣分。

一双双手刷刷地举起来，只有坐在最后一排的一位同学没有举。

"你是不是把我的话当作耳旁风了?"

教授有点恼怒，"父母养育你一二十年，你为他们洗一次脚难道都不应该吗?"

"我很想给他们洗一次脚，可是……""可是什么，你不要给自己找借口!"教授严厉地说。

"他们在一次车祸中失去了双脚，我只能给他们洗头……"空气在那一刻凝固了，教室里静得能听到心跳声。

下课前，教授意味深长地说："同学们，请记住，爱的位置不在嘴里，不在头上，不在脚下，只在心中，在我们关爱他人的细小行动中。"

真正的爱一定是要伴随着行动的，只表现在口头上不行，藏在心里更不行。爱就要用行动表现出来，让对方真正感受到爱的温暖、温馨、温情。

卧冰求鲤、弃官寻母、鹿乳奉亲、啮指痛心等许多故事至今还流传于世，让无数人们为之感动。这些故事都告诉我们，真正的爱是无私的，是高尚的，是永恒的。它之所以无私、高尚、永恒，正是因为它始终伴随着点点滴滴的爱的行动。让人看见灵魂的升华，让人感受思想的净化，让人与人之间在茫茫人世拥抱到生命的力量，触摸到美好的希望。

如果没有行动，多少爱的梦想会黯淡无光？多少爱的暖流会寒冷冰凉？多少后悔、多少遗憾都会在那空洞的口号中，在那深藏的心灵里，渐渐高涨？

一位从农村出来的大学生，毕业后经过打拼终于步入成功人士的行列，有了公司、有了地位。母亲节来临之际，他打算向花店订一束花，并请他们送给远在故乡的母亲。

正当他要走进店门时，他发现有个小女孩坐在路上哭，他走到小女孩面前问她说：

“孩子，为什么坐在这里哭？”

“我想买一朵玫瑰花送给妈妈，可是我的钱不够。”孩子说。他听了感到心疼。

“这样啊……”于是他牵着小女孩的手走进花店，先订了要送给母亲的花束，然后给小女孩买了一朵玫瑰花。走出花店时他向小女孩提议，要开车送她回家。

“真的要送我回家吗？”

“当然啊！”

“那你送我去我妈妈那里好了。可是叔叔，我妈妈住的地方离这里很远。”

“早知道我就不答应你啦。”他开玩笑地说。

他照小女孩说的一直开了过去，没想到走出市区大马路后，顺着蜿蜒的山路前行，竟然来到了墓园。小女孩将花放在一座新坟旁边。原来，她是想给一个月前刚过世的母亲献上一朵玫瑰花，并为此走了很远一段路。

他将小女孩送回家中，然后再度折返花店。他取消了要寄给母亲的花束，而改买了一大束鲜花，直奔离这里有5小时车程的家乡，亲手将花献给妈妈。那一刻，他看到母亲一生当中最为激动的神情。

双亲，一直都视你为全部生命与无价之宝，不美丽也不出众的你，是他们眼中最关切最灿烂的风景。正如孔子所言：“孝悌也者，其为人之本也。”真正的爱，就是你尽力而为的关切，为他们做一做饭，洗一洗脚，或者哪怕只是一个深情的拥抱，都是送给父母的最好礼物。

这行动的背后是发自内心的感恩，是一种升华与净化了的人类情感，是内心深处的精神皈依。依附其上的宽容、理解、尊重、爱等品质对我们而言，是一种不可或缺的生命本质的力量。

正如特雷莎修女所说：“爱不能单独存在——爱本身毫无意义。爱是要付诸行动的。”特雷莎修女一生忙碌，她带着爱的光芒大街上行走，与人谈话，面对人群讲演，在教堂中祈祷、布告，但更多的是行动，是具体细微的行动，是“怀大爱心，做小事情”。

真正的爱，是伴随行动的爱。不是索取，而是付出。不是口号，而是真心诚意地对待别人，重视他们本人的价值，关切他们的情感与幸福的需求。

时光荏苒，人世冷暖，别再观望，别再漠视，别再等待，就让真正的爱在行动中绽放出沁人心脾的芬芳，就让真正的爱在行动中拥抱幸福的朝阳吧！

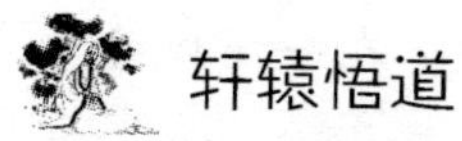

轩辕悟道

爱是一种情感，是存在于人与人之间的一种可贵的精神，这种爱可以是爱情，也可以是亲情，可以是友情，也可以是对祖国的一种情感，包括爱自然界的万物。但是情感是存在于我们的内心，它既看不见也摸不着，因此只有我们用一些爱的行为来表达出来，我们的爱才有价值和意义。

在生活中努力使自己充满爱的力量

爱是世界永恒的主题，是一切成功的起源，是推动人类追求理想，向往明天的力量源泉。人活在这个世界上就离不开爱。因为爱，我们的世界才会变得阳光明媚，温暖异常。如果没有爱，心灵之园只会冷寂荒芜；如果没有爱，人间将到处充斥着痛苦、麻木和绝望，就像荒芜的沙漠、冰冷的地狱一样，让人觉察不出生活的温暖，也感受不到生活的温馨和幸福。

父母之爱、伴侣之爱、手足之爱、友谊之爱、对弱者的怜爱、对强者的敬爱、对大自然的爱……林林总总，不一而足，都是爱的具体表现。正是有了这许多的爱，有了这许多爱我们和值得我们爱的人，才使人类有了战胜困难的勇气和信心，有了永不熄灭的希望之火。

一位母亲，陪伴着已成植物人的儿子多年。每天除了精心照料儿子的生活外，她还一遍遍轻轻呼唤儿子的名字。一天天，一年年，从不间断，从不厌烦。八年后，奇迹发生了，被医生认为已无恢复知觉能力的儿子终于有了知觉，有了泪水，有了笑脸。

是母爱的力量，把儿子拉出了死亡的边缘；是母爱的力量，让不可能出现的奇迹真实地出现。

一对恋人，因为战争，男的离开心上人，上了前线。在一场战斗中，小伙子负了重伤。在战地医院，小伙子每天都要拿出姑娘的照片吻了又吻，看了再看。他渴望生存，渴望和姑娘重逢。

他精神十足，非常乐观。医院里不少和小伙子同样伤情的士兵，有的伤口恶化，有的痛苦死去，而这个小伙子却早早痊愈，离开了医院。

是小伙子对姑娘的爱，对未来美好生活的憧憬，支撑起他早日康复的信念，使他的身心得到了迅速而有效的康复。

爱的力量，让一位瘦弱的母亲，掀起压在儿子身上的巨石。

爱的力量，让一位丢失孩子的父亲，历经艰辛，在饥寒交迫中走遍万水千山。

爱的力量，让孟姜女泪洒长城。渔人樵夫，把这个痴情女子的故事代代相传。

爱的力量，让三峡上的那位神女，望着丈夫的不归路，一站就是百年千年万年。

世界源自于爱，是爱在维系着整个世界的秩序和平衡。没有什么力量可以超过爱的力量，每一个物质及事物都在爱中产生。世上有无数的能量，如原子能、电磁能等，但没有一种能量能比得上爱的能量。

高尔基曾经说过："一个人只有爱着什么的时候，才能活下去；如果什么也不爱，那他活着还有什么劲呢？"

《爱的能力》一书的作者艾伦·弗罗姆指出："爱是尘世的幸福，或是创造尘世幸福的力量。如果你的心灵枯萎了、死亡了，那么医治它的唯一药剂便是爱。爱的奇妙和伟大之处，就在于它能激发人们生活的热情、智慧和勇气。"

爱，博大精深，广阔无垠，周而复始。我们带给别人的爱，这种爱的力量又会使我们强大、幸福、美好。因此，要在生活中努力使自己充满爱的力量。

本杰明·斯泰因的一篇文章《就试这么一天》，可供我们借鉴：

下一次出门去上班，不知这一天怎么过时，先别担忧。下定决心，采用一种全新的方式去处事待人，就试这么一天。积极乐观一点，你也许会使自己的所作所为有所改观。

就试这么一天，对同事尽量友善。把他们当作恩人来看待，好像你能留在这个岗位上工作全该归功于他们，因此幸得有他们做同事。

就试这么一天，不再吹毛求疵，挑剔别人。设法找出每一件事物的优点，并且找出每一个跟你一起工作的人值得称赞的优点。

就试这么一天，如果要纠正别人，就尽量以幽默示之，不要出言伤人；设身处地，就像要被纠正的人是自己。

就试这么一天，不要求自己所做的事都尽善尽美，也不再尝试打破纪录。称职地做好眼前的工作，不强自己所难。

就试这么一天，如果自己对工作胜任有余，那就不再不停地反躬自问：我的表现跟职位和酬薪是否相称？

就试这么一天，心存感激，庆幸自己活在这个社会和时代，无须在恶劣环境下做劳累讨厌的工作。为能在自由国度里工作而感恩不尽："在这个国家里没有人强迫我工作。"

就试这么一天，为自己有工作做、活得好而满心欣喜，庆幸自己不是在战壕里躲避枪弹，或是在医院里等待动手术。

就试这么一天，不去预期别人会如何对待你，不拿自己的酬薪地位跟别人比较——就因为你是你，所以你很高兴。

就试这么一天，不计较事情"对我有什么好处"，只想到在每件事情上你帮得了什么忙。

就试这么一天，下班后不再想今天做了些什么，还有什么没有做。反之，盼望傍晚到来，不管完成了什么都感到欣慰。

除此之外，我们还要在生活中用行动去不懈培养爱的能力。

（1）宽恕。宽恕就是将伤害从心灵的档案中消除，关掉痛苦回忆的“录影带”。宽恕将带给自己和他人重获新生的勇气；宽恕，更可以让自我体验一个幸福的时刻。

（2）行善。心中有“爱”的人能“布恩泽于四方，撒爱心于天地”。给衣食欠缺的人以财物，给心灵空虚的人以智慧，给恐惧不安的人以宁静。坚持行善可以成就高尚品德。行善不仅温暖着别人的心田，也滋润着自己的心灵。

（3）奉献。要让生活充满爱，我们就不能等待别人来付出，而应该学会自己去探求、去奉献，付出爱心、热忱、友善，我们充满爱心的行为，会成为他人效仿的榜样。

（4）无私。中国作家巴金曾说：“几十年的经验使我懂得，多想到别人，少想到自己，便可以少犯错误。”不知道大家有没有发现，一切痛苦和错误的根源都是因为自私自利，它的解药就是公正无私的关爱别人。当一个人确实忘我无私时，爱才会散发着智慧之光！

爱是分享，是行动，是付出。爱是真理，是正义，是财富。缺乏爱的生命，其存在是毫无意义的。就像瑞典的希尔泰所说：“爱可以战胜一切。”爱具有无与伦比的力量，使我们身处贫穷，也依然能感受到精神上的富足惬意；使我们身处险境，也能感受到身后的阳光和温暖；使平凡之人变得高贵，使伟大之人变得更加伟大。

当我们在生活中努力充满爱的力量，你会发现，爱爆发出来的力量，必将会战胜一切困难。而你的内心也会变得无比强大，焕发出无穷的能量。

轩辕悟道

爱可以给人以力量，可以给人以勇气，可以给人以温暖，可以给人以智慧，我们要使自己充满爱也很简单：学会宽宏待人，善良处事，乐于助人，无私奉献，做到这些，你就会因为爱而变得强大而充满力量和魅力！

第八章

最强大的武器是感动

洞门立雪断臂求法的慧可大师

慧可自幼志气不凡，为人旷达，博闻强识，广涉儒书，尤精《诗》《易》，喜好游山玩水，而对持家立业不感兴趣。后来接触了佛经，他栖心于佛理，超然于物外，怡然而自得，并产生了出家的念头。父母见其志气不可改移，也就听许他出家。于是他来到洛阳龙门香山，跟随宝静禅师学佛，不久又到永穆寺受具足戒。此后遍游各地讲堂，学习大小乘佛教的教义。经过多年的学习，慧可禅师虽然对经教有了充分的认识，但是人的生死大事对他来说，仍然是个谜，还没有透彻地参悟。

十二岁那年，慧可禅师又回到香山，放弃了过去那种单纯追求文字知见的做法，开始实修。他每天从早到晚都在打坐，希望能够借助禅定的力量解决生死问题。这样过了八年。有一天，在禅定中，慧可禅师突然看到一位神人站在跟前，告诉他说："你将要证得圣果，为什么要滞留在这里呢？大道离你不远，你就往南方去吧。"慧可禅师知道这是护法神在点化他，于是将自己的名字改为"神光"。

有一天，神光法师正在讲经说法时，忽然间看到有一个和尚在座听法，形态十分奇异，他那两只明亮的眼睛，目光闪闪，令人敬畏。神光大师一想，这难道就是名闻中外的菩提达摩吗？于是他一边讲经，一边对这位和尚十分注意，在讲到重要之处，这位达摩大师就突然地微笑起来。神光一看感到惊异，这位大师为什么发笑，难道笑我讲得不对吗？就生起一个念头，等到讲完下座，派人找他来问问看，如果讲得有理，就算了，如果答不出来，就不客气地把他口中的一对暴牙齿敲下来。

讲经结束，神光下座至香炉前面问讯时，忽然看见一对雪白如银的暴牙齿，已经整整齐齐放在香盘上面了。神光一看大为吃惊，生大惭愧，折服了我慢妄心，知道这是一位大德圣贤，非同寻常。抽了袈裟马上到处寻找达摩大师，但已不知哪里去了。后来听说大师已往嵩山少林寺修面壁观。神光自知学浅德薄，望尘莫及，就放下身心，负荆请罪，恳求正法，寻踪而至到了少林寺参礼达摩大师。

看到大师孤身只影面对墙壁静坐，修行禅观。神光为了求法心切，就住了下来。每日早晚亲侍左右，执役服劳，请求开示佛教要义，总认为会得到达摩的慈悲方便开示。经过了很久的时光，大师总是自顾自地参禅用功，一句话都不开口，使神光心如火烧一样，急得要命。这种情景，正是古人说的“求法之人，如病思良医，如饥思美食，如众蜂依蜜，我等亦如是，愿闻甘露法。”又如经中说的：“听者端视如渴饮，一心入子语义中，踊跃闻法生欢喜，如是之人可为说。”神光就不顾一切，精进勇猛为法忘躯，迫不及待寻求真理。

有一天正逢大雪纷飞，天寒地冻，这时，神光大师心中一念求法精诚，就跪在达摩大师面前，可是雪越下越大，地上白雪已经积得很高，围绕着神光的身体，已经达到腰间；可是达摩大师依旧是无动于衷，一句话也不开导。

此时，神光大师心急智生，就拔出和尚随身佩带的持戒修身用的戒刀，毅然地把自己左臂砍了下来，血流遍地，白雪染成殷红的鲜血一般。神光的精诚之心，断臂求法的精神，感动了达摩大师的慈悲心。

他就开口问道：“仁者，你为什么把左臂砍了下来呀?”神光说：“求大师与我安心哪!”达摩就伸出一只手来，厉声对神光说：“将心来与汝安。”神光正在达摩伸手时刻，回光返照，悟彻一心本源，随口就回答说：“觅心了不可得。”祖日：“与汝安心竟。”这就是说，找来找去找不到心的所在。

究竟在什么地方？真心他是无形无相，本来无一物，怎么会拿得出来呢！神光既然彻底悟到真心，所以达摩大师说我把你的心已经安好了，这叫高山流水，自有知音。达摩就把正法眼藏和衣钵付给神光，又为他起了法名，叫作慧可。同时又把从印度带来的《楞伽经》一部共有四卷传给慧可大师。

《楞伽经》是我佛称性而谈的法要，就是我佛如来心地法门，要令一切众生，开示悟入佛之知见。特别是对于如来禅学理论讲得十分透彻，达摩大师在传法与慧可大师时又说了四句偈子："吾本来此土，传法度迷津，一花开五叶，结果自然成。"慧可大师当下就一肩担荷，承受达摩大师的法灯心印，为中国禅宗第二代祖师。

灯录上记载，慧可禅师活了一百零七岁，寂于隋文帝开皇十三年（公元593年）。隋文帝赐谥"正宗普觉大师"；唐德宗赐谥"大祖禅师"。

在这世上，有一种最能体现无私意蕴的情感叫做真心，它能清除悲伤的瓦砾，推倒绝望的断壁，也能点燃希望的灯。点滴无声的真心是很关键的，真心所至，必将春风化雨暖人心。一个拥有真心的人，最终会得到善意的回报。慧可禅师正是因为真心，才能感动达摩大师；也正是因为真心，才能得道。

在当今这样一个强调合作力量的社会中，我们与人相处更应秉承真心，才能处理好人际关系，获得他人的愉快合作。那些真心付出的人，往往更容易获得成功。因此，让我们细心体味真心中的幸福。

轩辕悟道

是否有一颗真心，决定着我们是否能获得一份爱情，决定着我们能否获得一个机遇，还可以决定你的成功与失败……真心可以让我们有一个善良的回报，的确，人生很多时候需要有真心才能浇灌出幸福美丽的花朵。

真诚，是使人感动的秘密武器

真诚是美酒，年份越久越醇香；真诚是焰火，越是绽放越是美丽；真诚是鲜花，送之于人手有余香；真诚，是使人感动的秘密武器。

1968年，美国心理学家安德森展开了一个颇有趣味的实验调查，他筛选出了500个描述人的个性品质的形容词组成了一张调查表。所有参加调查的人需要在这张类似“菜谱”一样的调查表上选出自己最喜欢的品质，之后再选出其最厌恶的德行。

当所有的调查数据经过统计分析后，结果显示：在被调查者最喜欢的8个形容词中，有6个是直接与“真诚”相关的，分别为：真诚的、诚实的、忠实的、真实的、信得过的、可靠的。而撒谎、虚伪、作假和不老实是他们最厌恶的品质。也就是说，真诚最受人欢迎，不真诚最令人生厌。

由此可见，真诚具有一种巨大的人格力量，毫无疑问，一个人要想感动别人，要想与别人建立良好的互动，真诚是必须有的沟通品质和交往方式。

1918年，初创的华纳电影制片厂还没来得及“挂牌”，就因为资金问题而到了濒临破产的边缘。在这关键时刻，华纳兄弟中的老大哈里·华纳与洛杉矶的银行家英特利相遇在纽约的街头。通过短时间的接触，英特利十分慷慨地借给了他100万美元，终于使华纳制片厂转危为安。

那么，是什么东西使英特利对哈里·华纳如此慷慨呢？1923年4月，在华纳电影公司成立的晚宴上，英特利一语道破了天机：“华纳四兄弟对父母的敬爱，以及兄弟间诚挚互帮的友爱让我感动，后来的交往进一步证明了我看法的正确性。华纳兄弟是如此的真诚，他们必将走向成功。我很高兴有幸能从金钱上给予他们支持。”

英特利的话音刚落，华纳兄弟的父亲——66 岁的老华纳告诉大家：“我曾听到过两个人这样评价我的儿子，一个说：‘华纳兄弟不可能在电影业上有所作为。’‘为什么不可能有所作为呢?’另一个问道。‘因为他们太真诚了。’那个人回答说。今天，英特利先生说到支持我的儿子是因为他们的真诚，我觉得这是我一生中最伟大的时刻!”

为什么人们如此看重真诚，而对于不真诚又如此高度拒绝呢？从深层心理分析中，我们可以找到一些端倪。每个人在潜意识中都需要一种安全感，这种安全感不仅体现在生活环境的安定和职业收入的稳定，更体现在和他人互动关系的安全，这种无形的安全感的建立来自于其对未来事件和动作的掌控程度的大小。

最使人感到恐惧的，不是一件不幸事件的发生，而是要随时担心一件事情的发生。所以，人与人的互动中，一个人感受到对方的真诚时，就会对对方以后的行为产生一定的预见性，这种预见性可以平复其心灵对未知事物的不安，带来自我心理上的安全感和舒适感，这种安全感和舒适感产生的同时，就会产生对对方的信任，这种信任感的增加也会让其心灵安全感更强烈，从而引发一个信任感和安全感的良性循环。在这个循环中，双方的沟通自然就会随之加深。

相反，如果交往一方感受到的是虚伪和欺骗，那么，随时担心某事发生的不安定感就会激增。这种担心会使人长期处于高度自我防备状态，使人在主观上感到焦虑和不安。而这种紧张的情绪又会加强其不安定感，由此陷入的是一个恶性的情感循环，面对这种心理防卫压力，人们就会选择拒绝和逃避，最终，双方的交往也就无疾而终了。

美国费尔斯通轮胎公司的经理费尔斯通先生，有一次在一家小酒馆吃饭，无意中碰到了一位喝得酩酊大醉的青年人，因而惹起这位醉汉的不满，对费尔斯通大打出手。幸亏酒店老板的及时劝阻，费尔斯通才得以免遭伤害。

事后，费尔斯通从店主那里了解到，这位青年就在附近的一家工厂工作，时常来这里酗酒。据说，他发明了一种能够增强轮胎强度的技术，并且申请了专利，但是他寻找了好几家生产汽车轮胎的厂家，要求他们购买他的专利，结果都被拒之门外，并且受到了他们的侮辱。所以，他才感到怀才不遇，整日郁郁寡欢，经常来这里借酒浇愁。

费尔斯通得知这些情况后，对这位青年的粗鲁毫不介意，并且决定聘请他来自己的公司工作。

一天早晨，他在工厂的门口等到了这位青年人，但这个青年人早已心灰意懒，不愿向任何人谈起他的发明，同时也不理费尔斯通，面无表情地去工厂干活去了。

但是，费尔斯通却一直在工厂的大门口等候。费尔斯通从早上8点一直等到了下午6点。这时，那个青年人走出厂门，没想到这次他一见费尔斯通的面，便与费尔斯通聊上了，并爽快地答应了与他合作的要求。原来在吃午饭的时候，那位青年人出来看见费尔斯通在门口等着，便转身回去了，但后来他知道费尔斯通一天不吃不喝，为自己等了近10个小时，被费尔斯通的真诚所感动了。

费尔斯通也正是在这位年轻人的帮助下，推出了新的汽车轮胎产品，从而取得了商业上的巨大成功。

要吸引人才，方法很多，但始终都摆脱不了真诚两字，要待人真诚。

真诚是一缕春风，一泓清泉，一颗使人感动的舒心丸，一剂催人奋进的强心剂。孤独的心需要真诚的滋润；冰冷的心需要真诚的温暖；绝望的心需要真诚的抚慰；苍白的心需要真诚的帮助；充满戒备关闭的门是多么需要真诚这一把钥匙打开呀！

亲情要用真诚去护理，爱情要用真诚去浇灌，友情要用真诚去播种。真诚，始终是使人感动的强大武器，让我们高举着真诚之光温暖朋友受伤的心，照亮迷途者前进的方向，驱散孤独者心中的阴云，点燃失败者新的希望吧！

轩辕悟道

真诚是一种美德，也是人与人之间和谐相处的原则，是社会安定的基础。而且真诚很简单，它可以是一种尊敬，一种坚持，可以是一种毅力，可以是一次帮助，可以是一点温暖……真诚还可以给人力量，给人希望，给自己成功，给自己幸福，因此我们人人都能拥有真诚这把人生的钥匙。

感动自己、感动别人、感动世界

一个人，只要他还能感动，就不至于彻底丧失良知与天性；只要能感动，即使将你放在生活的最边缘，你也绝不会轻易放弃做人的资格以及与生俱来的发言权。

感动是一种对生命的尊敬和对生命价值的弘扬；感动是一口人生清澈纯美、永不干涸的精神泉眼；感动是一种崇高的生命境界，不断地丰富和完善着我们的生命能量。每一次小小的感动都会荡涤灵魂中某一段深深的劣根，使它变得更清澈明亮、丰富宽畅，使人有了更加坚强的精神生命的脊梁，挺立于大地上。

感动自己，即便在风霜雪雨的日子里，也不会感到寒意；感动别人，于是阳光温暖了别人的每一步足迹；感动世界，即使生活坎坷叹息，人们的内心也会因感动而坚强双翼，以加倍的力量鼓起风帆，进入希望的海洋……

在发展的宇宙、发展的体系中，如果对万物没有一颗感动的心，那么这个人终将是槁木死灰、一事无成。

感动就是以感情为首，旁及感受性、柔软性、淳朴、朝气欲求、热情、关心、行动力等，互相结合的一种能力。

我们可以说，感动是因为我们深爱着世上一切美好的事物，甚至比别人更留意也更钟情于它们。而且仿佛它们是自己的朋友和亲人，也同样爱着、留意着、钟情着我们。

有一颗感动心的人，他的神经触角必定很发达，企图心强烈、生命力洋溢，浑身散发着朝气，给人的感觉是积极的、执着的、狂热的，对任何事物都坦率地表达关心。

更重要的是，感动的情绪和比邻而居的感受性、柔软性是创造性的基本条件，所以感动神经触角便很容易和创造神经触角相联结。在现实中，艺术家便是最典型的例子，他们经常因为感动而产生创造的念头。这也意味着，感动力高的人，他的创造力也较高。和这类人在一起的时候，心情会感到特别的愉快，气氛也会特别高涨。

在沟通中，感动力强的人会自然地感受到对方的情绪，因而感染到自己的心，进而产生共鸣，并把话接下去，好像能够适应对方的呼吸一般。所以说，感动的心和坦率淳朴是一样的真诚，都能够与对方的心或事物达到真正的接触。

反过来说，对于事物无法感动的人，便完全没有上述的情形。

缺少感动力或感动力很贫乏的人，即使对方讲得再有趣，他也神色木然，或是哈欠连连指责人家说的话一点也没有趣，全都是无聊的内容。

他本人或许自认为非常了不起而表现出得意扬扬的模样，可是这种人几乎没有任何魅力可言。尽管外表看起来可能有小聪明的样子。而且，这样的人的愿望能源很稀薄，生命力也很弱，让人感觉像是水面上的浮萍一般。

更糟糕的一点是，这种人对任何事都不关心，即使有，也只像针孔般地狭窄，而好奇心可说近乎等于零，非常缺乏创造性。

清朝道光年间，有一个杀牛为生的屠夫，名叫张六子。在他46岁那一年，邻村有一户人家发生急难，他趁机以很便宜的价钱买下人家一头母牛和刚生下一个月的牛犊。当天，他就把刀磨好放在屠案上，接着去捆母牛。等他把母牛捆好后，却怎么也找不到那把刚磨好的刀。这时，他发现那头母牛惶恐不安地看着坐在它前面的小牛，而小牛犊则簌簌地流着眼泪。他甚感惊异，便前去驱赶牛犊，牛犊安坐不动。他气急败坏地用棍子打，牛犊还是不起来。恼怒的张六子抓住牛犊的前腿，把它往旁边一甩。这当儿，他发现那把屠刀原来藏在小牛犊的屁股底下……这幕牛犊救母的情景深深地触动了他那颗已经麻木的心，他用颤抖的手给母牛解开了绳索。被摔在一旁的小牛犊慢慢地爬起来，来到母牛身边，朝着他前腿跪下。屠夫被震撼了，居然失声痛哭起来……

自此以后，张六子不再杀牛，后来又皈依了佛门，终生吃素，非常虔诚。他一直精心养着那母牛和小牛犊，到86岁他去世时，它们还活着。

所有的感动都是因为有生命的存在，所有的生命都离不开感动。一茎草、一湖水、一尾鱼、一片云、一首诗、一幅画、一句话……都有着那么持久地令人感动的特质，生命的美的特质。没有感动，人就没有激情；没有感动，人就会沉沦；没有感动，人就是一具行尸走肉。没有感动，我们就会于不疼不痒中丢弃真我、丢弃情谊、丢弃世界的美妙。

学会感动自己、感动别人、感动世界吧，人生的光辉与色彩才被我们领略；人生的航向才会永远地朝向美好的远方。学会感动自己、感动别人、感动世界吧，生命的律动与力量会给予我们希望，才会将信念与坚强深植于土地，连成一片碧绿的辉煌。学会感动自己、感动别人、感动世界吧，万事万物深层的美好才会被我们碰触，被我们欣赏，生活和世界才会充盈着无限的快乐与希望！

轩辕悟道

感动自己让自己幸福，感动别人让别人快乐，感动世界让世界充满爱，感动滋润着人的心灵，陶冶着人的心灵，让人能用心去领悟生命的意义。在感动中，完善自我，超越自我；在感动中，我们保持着良知和天性，保持着做人的原则和尊严；在感动中，让生命光芒四射、精彩纷呈。

第九章

财自道生，利源义取

生意场上“义在利先”

义，抽象地说，就是一种对人们行为正当与否做出的道德要求，一种调整人们之间相互关系的伦理仁义。《礼记·礼运》解说道：“父慈、子孝、兄良、弟悌、夫义、妇听、长惠、幼顺、君仁、臣忠，十者谓之人义。”

利，就它与义相对的意义来讲，大致可以解释为利益、利害。利是人们基于自身需求和欲望而希望获得的物质利益，在一般情况下人们主要把利理解为财利。

人类从动物界分离出来以后，便萌发了对义利的追求。只要存在着人类社会，就会始终存在着道义与功利及其相互关系，诸多智者便由此去思索和探讨二者的关系，并据此形成相应的道德原则和价值导向。

最早提出“义在利先”的儒家强调的是要义在利先，也就是说见利思义、以义求利，主张“君子爱财，取之有道，”坚决反对的是重利轻义、见利忘义、不仁不义，甚至不择手段地唯利是图。

中国人自古就有“义在利先”的传统。春秋时孟尝君让自己的门客冯谖前去薛地收债，结果冯谖将债权全部烧毁，为孟尝君买回了“义”。后来，孟尝君因为失去了齐王的宠爱，回到薛地，受到薛地的百姓的爱戴。

楚国的国君楚平王为了铲除太子的势力，杀掉了太子的师傅伍奢和他的一个儿子伍尚。另一个儿子伍员逃跑了。伍员字子胥，素有谋略，还非常勇敢，是少有的人才，楚平王害怕伍子胥报仇，决心除掉他，严令各地抓紧搜捕。

伍子胥打算逃到吴国去。他来到了长江边上，水天一色，茫茫一片，只有一个打鱼老人摇着条小船在风波中出没。子胥叫过小船，请求老人送他过江。老人答应了，把他送过了长江。

子胥问老人姓名，老人没有告诉他。子胥解下腰间佩带的剑，双手捧到老人面前。说："这是一把价值千金的宝剑，请您收下。"

老人瞥了宝剑一眼。望着江对面的楚国说："按照楚国的法令，捉住伍子胥的人，封给爵位，享用万石米的俸禄，还赐予黄金千镒。"他突然收回目光，看着面前的人说："从前伍子胥从这里经过，我尚且不捉他去领封赏，如今我要你的宝剑干吗?"

伍子胥到吴国后受到重用，曾派人到江边寻找老人，但始终不见踪影。伍子胥每次吃饭都要祭奠那位江上老人。

江上老人送伍子胥过江正是出于"义在利先"。伍家世代忠良，在楚国民众中口碑不错，老人知道伍氏是被冤枉的，所以愿意帮助伍子胥逃亡。在他看来这是自己本就应该尽的道义，因此，当伍子胥用千金之剑酬谢他的时候，被一口回绝了。正如他说的那样：要是讲利益的话，捕捉伍子胥所得到的要远远超过这口宝剑。由于他追求的是义，再大的私利也不可能改变他对道义之行的遵循。

《左传》说："凡是有血气的，都有争夺之心，所以利益不能强取。见利思义才是最高明的。义是利的根本。"如果将利与义摆在古人面前，二者只能取其一的话，那么，他们中的大多数肯定会像那位江上老人一样，毫不犹豫地取义而舍利。因为义是做人所绝不可缺少的，而损失了利，人仍然不失为人。

孔子说："义以生利，利以平民。"经商的目标在赚钱，但是除了赚钱外，它还需具备一种社会的价值观。"价值"与"价格"的不同，在于一个是永恒的，一个则是随着外在环境的变化而变动。生意场上的成功，绝不仅仅是这个企业家单独的努力所造成的，而是社会各界所给予的帮助而带来的，所以在生意场上要确立“义在利先”的经营方针，才是制胜的策略。

在现代，凡是功勋卓著、业绩辉煌的企业家，都深谙此致胜策略，非常注重“义”在企业行为中的作用和效果，把“义”视为企业精神支柱的主要方面，将这一社会公认的道德准则，放在自己的物质利益之前。

在一个海岛上，遭受了台风的袭击，这是一次令当地人民损失惨重的自然灾害。这场台风对农业及交通等方面造成了巨大的损失，蔬菜水果的供应一时紧张起来。岛上许多商店按照“市场规律”把价格上调 5 ~ 10 倍，一时间获得巨额利润。

在这个时候，有一家叫八佰伴的百货商店老板，却向公众允诺，即使在货源紧缺的情况下，八佰伴百货商店也要维持与正常时期一样的定价。在发生自然灾害的特殊时期，商店冒险从外地运来蔬菜食物，如果以 5 ~ 10 倍的高价出售。确实可以获得一笔可观的利润，但是八佰伴商店依然履行诺言，用高价买进的货物，以往日的市价出售。

消息传出没有几个小时，妇孺皆知，临近乡镇的家庭主妇也闻讯赶来采购蔬菜食物。

放着钱不赚，真是天底下最大的傻瓜！同行们对八佰伴老板和田的做法持讽刺讥笑态度。但究竟谁是真正的聪明人呢？

一星期后，风暴过去。受灾害影响的公路及农户都恢复了正常的运作，蔬菜、水果、肉类的供应也逐渐恢复正常，不再短缺了，岛内的各家商店亦以平时的正常价格做生意了。

但是，一个不寻常的现象发生了。因为物价上涨期间来八佰伴百货商店里采购物品，许多人继而成为八佰伴百货商店的长期顾客。

自然灾害导致货物短缺，同行都在涨价，趁机大捞一把，这种时候对八佰伴百货商店来说，同样是个赚钱的机会。但八佰伴不落俗套，以长远的眼光来对待这一事件，它坚持遵守商店诺言，不趁机涨价——不赚小钱，而是要维护长期的信义。

就像李嘉诚所认为的，决不能因为经商的主要目的是赢利，而认为利益与金钱就是商人的一切。获取利益也要“取之有道”，把“义”放在“利”的前边，只有这样才能够得到众人的支持，才能够获取更大的利益。他说：“如果我们只是一味追求金钱和权力，而置人类高尚情操于不顾的话，那么，一切进步及财富创造都将变得毫无意义。”

生意场上，想要获利，想要发财，如果不将“义”放在利前，不创建品牌，不建立信誉，就永远做不大、做不久、做不强。

“义在利先”才是生意场上的成功之道。当一位经商者把“义在利先”的思想转化成一种经营理念，一种精神价值创造物质价值、精神价值制约物质价值的企业管理过程，他就能在价值认识上“见利思义”，在行为准则上“取之有义”，在实际效果上“先义后利”，进而实现价值评判上的“义利合一”，使自己的事业蓬勃发展，使自己的生意兴旺发达，使自己的前途鹏程万里！

轩辕悟道

义在利先是人情之道，是商业理念。人为财死和见利忘义都是不能正确处理义与利关系的错误做法。把握好义与利之间的关系，正确处理在义与利之间的矛盾，摆正精神和物质在人生和事业上的地位和价值，就会辩证地去看待义与利，从而达到义利合一的境界。

书商朱留斯的致富法则

书商朱留斯认为，只要书的封面和书名好，就可以卖出去。20 世纪 20

年代，他通过出版一些换上通俗标题的便宜的经典简装书而成为百万富豪。

朱留斯1919年开始出版《小蓝皮》丛书，到1951年他去世时，他在吉拉尔德的印刷厂已经以2000种不同的书名印刷了5亿册。这套书售价5~25美分不等。任何一种年发行量不足1万册的书，都被交给“医院”——一个决定是否立即放弃这本书或仅仅换个书名的编辑委员会。比如，当列奥菲尔·高蒂埃的小说《金羊毛》换为《对漂亮小姐的要求》的书名后，年销量从600本增加到5万本。雨果的剧本《自娱国王》被改为《好色国王》后，销售量增加了4倍。亚瑟·舒本浩尔的《争吵艺术》改为《如何符合逻辑地争论》后，从滞销书变成了畅销书。

书商朱留斯从来只是换改一下书名或封面，对内容却从不改动，他认为更改书名和封面是把文学艺术和心理学等原理应用于大众的一种方法——根据消费者求美的心理，在包装方面下点功夫，就能在同类企业竞争中争取到主动，这就是他的致富法则。

包装的本意是盛放产品，使产品在搬运、运输、堆放的过程中不致损坏。现代意义的包装，不仅具备上述功能，它更具有市场功能，具有体现产品的形象、产品的档次和产品的价值的功能，以及通过消费者接触、观察、选择、购买，对消费者产生与广告相辅相成的信息功能，这样就起到了促销的作用。

国产名酒“白云边”于1984年获得了国家名酒银质奖，每斤的销售价才5.60元，销路却很不好。经过分析，才知道问题就出在包装的档次太低，虽评为国优，在消费者的心目中，产品的形象并没有上去。后来厂家改进了包装，变成高档瓶装，并配有华丽的包装盒，每斤卖到13.80元，销路立即变大，至今畅销不衰。

这就进一步说明了“人要衣装，佛要金装，商品要包装”的包装致富法则。

顾客购买商品，首先接触的不是它的质量，而是它的包装。商品包装漂亮，不仅能吸引顾客，在顾客心里唤起美感与好感，而且还使顾客产生信任感。人们都相信，包装好坏，基本与商品的等级成正比。精致的程度，体现着商品水平的高度。另外，好的包装还能体现顾客的身份与情意，比如送礼品：包装好，就使送礼的人感到脸上有光，能产生“送的人大方，接的人高兴”的效果。

正因为如此，先进的工业国家，都非常重视包装，和书商朱留斯一样，他们把商品包装当作开拓世界市场，夺取市场的致富法则。据日本的《食品工业》报道：美国 1984 年的出口包装品总额为 13. 1 万亿日元，占美国国民总产值的 1. 65%，其中食品包装占 35%，饮料包装占 20%，化妆品及其他工业制品包装占 45%。在日本，包装品的设计已经到了令人吃惊的程度。三得利啤酒厂开发出了有响声、冒气泡、会跳动等 17 种新奇包装，札幌啤酒公司以“一次性产品”为特色，其包装有开口杯型、机器人型、鸡蛋型等。在英国，连鸡蛋也讲究包装，他们开发出一种可以盛许多个鸡蛋的容器，可以减少运输过程中的破损，甚至还有煮蛋计时的功能。然而中国产品在国际上却不重视包装。也因此在国外的超级市场上，凡是标有“中国制造（Made in China)”字样的商品，大都以低廉的价格出售，与世界其他国家的同类产品相比，其价格要少 1/3 或 2/3。原因真是因为商标与包装过于陈旧、落后，导致每年损失的价格达 100 亿元之巨。自 1983 年以来，产品包装开始受到重视，总体水平有了提高，然而比起世界水平来，尚有不少的差距。

显然，要想在国际上更好地树立中国商品的形象，提高中国商品的市场价格，就一定要遵循书商朱留斯的致富法则——提升商品包装的水平。

在做商品包装策划和设计时，要注意以下这九个方面：

（1）包装要突出商品的形象。无论在造型、体积、重量方面，还是色彩、图案方面，都要努力突出商品的使用价值和主要特点。

（2）包装要有美感和时代特色。消费者不但要通过商品去获得使用价值，同时，他们也要获得美好的心理感受，得到一种精神上的、文化氛围方面的一种心理满足。要色彩宜人、构思精巧、寓意新颖、美观大方，能给人以文化熏陶和时代气息。

（3）要能满足消费者政治的、民族的、文化的各方面的信仰和追求，以此来确定包装的形式、图形、文字和符号。

（4）要根据消费者的消费习惯，行动方式来确定包装的分量和包装的形式。零售商品的设计，要便于握持、搬运和储存。如给批发商的，就不能太零碎，而给零售商，给消费者的，就要用小的包装。如零售店只是50斤一桶的食用油，就很不方便，因为任何一个家庭都不需要这种包装，如采用10斤一壶的包装，就能给顾客带来许多方便。

（5）要有相应的牢固性，以防止商品损坏。商品要进入销售渠道，不可避免地要运输、堆放、储存，因此，商品的包装还必须经得起跌落、挤压、摩擦和振动的考验。

（6）尽可能地保存并突出质量管理记录。获奖、质量检验标记、型号规格和等级品标记，都要尽可能在包装物上显示出来，以此强化产品形象。

（7）注意安全。瓶装罐装，要使开启方便并确保安全；药物要注明用量和注意事项；防水、防潮、防震，易燃、易碎甚至有毒的物品，在包装上要有突出的特殊标记。厂商如果不能提供安全的包装，就不应该出售该项商品。如因包装标示不清晰，或包装材料不过硬，或包装技术有问题，造成损失，应由提供包装的人负责，甚至负法律责任。

（8）要按消费者的消费水平来策划和设计。不同的消费者有不同的消费水平。为此可以采用等级包装，从材料、色彩、印刷等方面来加以区别，特别要为一些价格昂贵的商品设计出一种具有较高欣赏价值的包装。

（9）要按照消费者的性别年龄来策划和设计包装。不同性别的人对商品包装的要求各不相同。一般来说，男性喜欢实用、大方、庄重与粗犷；女性喜欢温柔、典雅和艺术性；老年人喜欢朴实；年轻人喜欢热闹与奇特。

英国康伦设计集团总裁迈克·赛登在强调包装策划和设计的重要性时说："无论商品内容究竟是不是好，均要使商品'看'起来最好，才能达到促进销售的目的。"

不管是包装物的形状，图案还是色彩，包装策划和设计的依据，都是顾客求美的心理需求，都是通过深入了解消费者的消费心理，来提高包装设计的水准。掌握这条书商朱留斯的致富法则，不仅可以大大提高产品出售价、提高企业利润，还能提升产品形象，打开产品销路，扩大市场占有率。

轩辕悟道

作为一个商人要经营有道，是说经商要讲究方法，这个方法是建立在掌握社会的形势，把握消费者的心理，研究出适合产品和迎合消费者心理的促销方式的基础上的。譬如产品的包装和产品的价位等都会影响产品的销售。随着时代的发展，人们的生活质量和生活品位都在不断变化和提高，生产出的商品各个方面也都应该随之不断地更新和提升才能适应社会的发展，满足人们的需求。

成康之治与贞观之治

每一个人都想生活在非常兴盛安定的社会——国家政治清明；人民安居乐业；官尽其职、民尽其力、物尽其用；朋友越来越多、反对者越来越少；路不拾遗、夜不闭户；风调雨顺、无灾无难；社会一派祥和、和平的景象——这也就是我们所说的太平盛世。

我国古代历史上最著名的太平盛世当属成康之治和贞观之治，这两个时期被称为我国古代治理国家最好的时期，其治国方略对后世的文明也起到了重要的影响。

成康时期，是周最为强盛的阶段，天下安宁，刑具40余年不曾动用，故有“成康之治”的赞誉。康王在位期间，国力强盛，经济繁荣，文化昌盛，社会安定。后世将这段时期和成王末年的统治誉称为“成康之治”。

成康之治的太平盛世局面的形成，显然与承继前人的余泽有关。

首先，成王即位以后，政治局面比较稳定，社会经济也得到长足发展，西周统治开始进入鼎盛时期。但这一切是与周人先民的苦心经营，特别是周初文王、武王的艰苦创业分不开的。

周人重“德”，相信上天唯德乃兴，有德者上可得天之助，下可得民之和，因而有德者为王，无德者失天下。文王“积善累德，诸侯皆向之”，为崇侯虎所谮，被囚于羑里。侥幸得脱后，文王先后伐犬戎，伐密须，败耆国，伐邗，伐崇侯虎，作丰邑，改法度，制正朔，为周朝的创立奠定了坚实的基础。

武王即位后，“恭行天罚”，亲率将士讨伐商纣，所到之处纷纷归附。在牧野决战时，商纣的军队倒戈相助，迅速攻入商都朝歌，充分反映了民心所向。武王灭商后，赢得了君临天下的统治大权。他励精图治，采取了一系列争取民意的措施，确立了“溥天之下，莫非王土；率土之滨，莫非王臣”的政治格局。

“成康之治”正是在这样的社会基础上建构起来的。西周政权到了成王统治时期，已经初步形成了“以德配天”“明德慎罚”等比较成熟的统治思想。

康王即位后，遵循先王遗志，“遍告诸侯，宣告以文武之业以申之”，时刻以先王遗训警醒自己，礼敬上天，爱惜民力，因而在他统治时期，社会矛盾相对和缓，维持了西周社会的安定和强盛。

另外，“刑错不用”是太平盛世在法律方面的重要表现，“成康之治”亦然。西周初年，无论重“德”的治国指导思想，还是推行的具体制度，如宗法分封制、世卿世禄制、等级制、井田制等，包括以“忠”“孝”为核心的宗法礼乐文明以及伦理道德等，基本上适应了当时社会形势的发展要求，因而是值得肯定的。

在《尚书·康诰》中强调以善用法，以德施刑，表明西周统治者已经认识到，刑罚虽然是国家权威的表现，可以使人望而生畏，但它并不是万能的，运用刑罚时必须慎而不滥。尽管文献中体现出的这种思想观念，与真实的司法实践之间存在不小的差距，但这种法律意识确实是值得充分肯定的，它对于社会的安定和谐是有积极作用的。

除了成康之治外，贞观时期也是一个在中国古代历史上最令人称羡的繁荣时代。

自公元627年开始，唐太宗李世民在位23年，唐朝经济发展，社会安定，政治清明，人民富裕安康，出现了空前的繁荣。

由于他在位时年号为贞观，所以人们把他统治的这一段时期称为“贞观之治”。

唐太宗李世民即位伊始就吸取隋亡之鉴，在农业经济方面，推行轻徭薄赋、选用廉吏、兴修水利、鼓励垦荒、增殖人口、广设义仓等措施，使隋末战乱一度凋敝的社会生产又呈现出勃勃生机。在政治方面，唐太宗亲贤臣远小人，士庶并举，汉夷并用。房玄龄、杜如晦、魏徵、虞世南、马周、秦叔宝，或以善谋、或以善断、或以文才、或以武勇，各尽所能。

此外，唐太宗知人善任、广开言路、虚心纳谏，完善科举制度等政策，使得社会安定、边疆稳固，出现“贞观之治”。这是唐朝的第一个盛世，使唐朝在当时与西方国家相比，无论是政治、经济还是文化，都走在世界的前列。贞观之治为之后的开元盛世奠定了基础。

唐太宗曾经说过："以史为鉴，可以知兴替。"从隋朝的覆亡中，唐太宗一班君臣也确实获得诸多启发。那么，贞观时代对于今天是否也有启发的意义呢？答案是肯定的。

首先，贞观时代，中国获得了极高的国际地位。唐朝皇帝被称作"天可汗"是从贞观时代开始的，是唐太宗为唐朝的皇帝们赢得的。尽管那不是现在我们所知的世界的全部，那仅仅是地球的一部分，我们也得承认，唐朝拥有的国际地位是罕见的，是后来更多的朝代望尘莫及的。

其次，贞观时代，创造了君主时代最文明的政治环境，最和谐的君臣关系。唐太宗是历代皇帝中最圣明的君主，心胸开阔，大度能容，理性知性，聪明智慧。魏徵成为中国历史上最著名的贤臣，耻君不如尧舜，国家应以百姓之心为心，胆识与见识同在，尽忠首先尽职。

再次，贞观时代，创造了君主时代最和谐的社会，路不拾遗、夜不闭户从此成为描绘和谐社会的典型词汇。

最后，贞观时代，制度建设发达，法制观念突出，不仅奠定了唐朝三百年的制度基业，也为此后一千多年的中国树立了楷模。

贞观之治的成绩是如何取得的，在今天还有哪些值得我们借鉴的经验呢？总结贞观之治的经验，可用一句话概括：政治理性。

贞观时代的政治理性，具体可以体现在以下两方面。

第一是纳谏和进谏。

第二是制度化的运作上。分层决策的体制，让国家政府的课题根据轻重缓急进行分工处理，皇帝只处理重大的疑难问题，这样至少避免了造成怠政等问题。

政治理性，也表现在制度化的方面。通过尊重制度与法律，政府赢得了在人民心目中的尊严和尊重。

制度创新当然也是政治理性。为了避免罪不至死的大臣被自己一时之气而杀，复奏制度因此诞生。从此以后，凡是皇帝下令杀人，要反复多次才可以执行。结果，史书记载自从实施了这项制度，“全活者甚众”。在这项制度的创立过程中，唐太宗看重的是制度的理性，不敢依赖自己的一时判断。这项新制度，也大大提高了皇帝的权威。

政治理性，还有一个重要方面就是“以民为本”思想的贯彻执行。贞观之初，朝廷考虑如何减少犯罪问题，有臣建议严厉打击，知道换位思考的唐太宗认为去贼最好的办法就是减轻百姓的负担。

为此，他通过精兵简政、合并州县、减少官员、降低皇室成员的爵位、放宫女出宫等举措，来减轻百姓负担，以达到藏富于民。

孟子说：“民为贵，社稷次之，君为轻。”这其实是政治最基本的原理。古往今来，凡是百姓、国家、统治者三者关系如此摆放的时代，一定就是国泰民安的时代。反之，如果不管百姓死活，不顾国家根本利益，全力以赴追逐统治集团利益的，比如东汉后期，那么天下大乱就不可避免。

虽然一个时代有一个时代的问题，但成康之治和贞观之治的美誉并非偶然，至少在政治理性方面，他们的努力是具有当代价值的，是值得我们每一位政界、商界等社会各界的领袖们去品读和借鉴的。

轩辕悟道

政治和经商看似是毫不相干的行业，其实他们在很多方面特别是管理方法管理思想方面有很多相通之处，如“民为贵”，都重视的是人民的利益。商有商道，政有政道，但万变不离其宗，就是以德治国和以德经商，只有这样，政治才能和谐安定，经商才能平安无忧。

第十章

帮助别人就是成就自己

利人者利己，助人者助己

利人就等于利己，助人就等于助己，这是双赢的人际关系模式。世界如此大，每个人都有属于自己的立足空间，不应该以他人之得视为自己之失。但是，有些人总喜欢把它分开，以为利人则会损己，助人也会损己。于是，往往吝于利人和助人，甚至会为了一己之利，陷别人于水深火热之中，最后落得一个损人害己、两败俱伤的下场。

美国汽车大王亨利·福特曾说过："如果成功有秘诀的话，那就是站在对方立场来考虑问题，能够站在对方的立场，了解对方心情的人，不必担心自己的前途。""己欲立而立人，己欲达而达人。"世上没有个体的永远的赢，只有双赢才能走得更远更好。也就是说，只有互利互助，才能赢得别人的信任与好感，只有建立融洽的人际关系，才能实现他人和自己共利的双赢局面。

涵蕊毕业后留在北京一家银行工作，几年后，她升任为该银行一家分理处的总经理。从2007年上半年开始，分理处的业务量明显下降。作为总经理，为了改善这一局面，她提出了"要做工作先学会做人"，拿出像对待朋友的真诚来与客户打交道。

7月份，一位外地建筑公司的老板有少量业务在分理处办理，通过交流，涵蕊与他交上了朋友。这位老板是江西人，刚来北京不久，人生地不熟的，涵蕊除了在业务工作上为他提供帮助外，还主动帮助他做了一些力所能及的事情。在他生日的时候，又送去蛋糕与鲜花，让他感到了朋友间的真诚与温馨。

一天早上，涵蕊见该老板匆匆忙忙地来到分理处，脸色也不太好，便主动询问是不是发生了什么事。老板说，他爱人生病了，来取点钱去医院。涵菡马上帮他提取了现金，并说："我正好有朋友在医院工作，我陪你爱人去看病，有什么问题方便些。"

人心都是肉长的，该老板从此把涵菡当成了无话不谈的好朋友，把几百万元的业务都放到了分理处。不仅这样，他还介绍生意上的朋友把业务放到这里来。涵菡通过与这些老板交朋友，拓展并稳定了一大群大客户。当然，这些客户也都是她的朋友。分理处在涵菡的带领下，业务自然是蒸蒸日上，形成了良性发展的好态势。

赠人玫瑰，手留余香。生活中常是这样，对人多一份支持和帮助，其实也是善待和帮助自己。在当今这样一个合作型的社会中，人与人之间更是一种互助的关系。只有我们先去善待别人，善意地帮助别人，才能处理好人与人之间的关系，才能使自己所做的事情获得长久的成功。

从身心健康的层面来说，当你去热忱帮助别人解决某一个问题的时候，会产生一种在自我状态下难以萌生的"智能受激状态"，一个具有积极心态的人在这种情况下就会促使自己的身体与精神处于一种"总动员"的状态，使自己的能力不断有出色的表现。

"投之以桃，报之以李"，人与人之间的交往是一种平等互惠的和谐关系。从精神情感的升华来说，当我们帮助他人的时候，付出的是自己对别人的爱，就仿佛给别人的生命之树一掬清泉。爱的感情是不竭的源泉，我们付出得越多，内心就越充盈，幸福感就越强。所以，利人和助人不仅是付出，也是收获。

维多利亚女王有一次外出办一些事情，她和几百位乘客乘坐着一列火车，火车在夜雾中驶向伦敦。突然，火车司机看见路边有一个黑影急速挥动着双臂，他立即请助手将这一情况汇报给女王。

女王虽然很着急回家，她看了看窗外，毫不犹豫地对助手说："现在这么晚了，天气又很糟糕，那人一定是有急事需要救助，你去请司机停车，然后你再下车去问问那个人遇到了什么困难，看看我们是否能够帮助他。"

火车停稳后，助手急忙下了车，却不见刚刚挥手的那个人。他继续往前走，眼前的景象令他大吃一惊，前方的桥梁被水冲塌了。而火车前灯的玻璃罩外，有一只大飞蛾已僵死，双翅伸展着。

原来，在火车快要行驶到断桥的前几分钟，那只大飞蛾冲向车灯，落在了灯罩上，受伤飞蛾的翅膀仍不断舞动，垂死挣扎。从司机的视角看去，很像是有个人在挥动着双臂。因为女王舍一己之私只想帮助别人，才使大家躲过了这场灾祸。

正是因为维多利亚女王让司机停了火车，让助手去寻找"晃臂求助"的人，最终使得大家躲过了这场灾祸。如果女王漠然视之不予理睬，司机就不会停车，大家很可能会遇难。

富兰克林曾经说过："要想让别人对你好，你必须得对别人好，其实你在对别人好的同时，就是在对自己好；当你为别人着想的同时，也在为自己着想；当你在救助别人的同时，也在救助自己。"

利人就等于利己，助人就等于助己，无私地始终如一地利人助人，不仅是受社会尊敬的优良品质，还有利于帮助自己实现人生的价值，有利于帮助自己表现心底的善良，有利于帮助自己获得情谊与和谐的人际关系。

轩辕悟道

如今社会竞争已经进入双赢的时代，在竞争中讲究互惠互利，而不是一赢一输或两败俱伤。也只有和竞争对手建立友好和谐的关系，才能保持合作的稳定性和长远性，也才能保证企业发展的持久和稳定。经商和做人一样，助人就是助己。

帮助别人，你的心灵才会富足

“不行春风，难得春雨”，生命的绿需要德行的孕育，需要爱心的浇灌。助人为乐，心灵才会拥有绿色长青的富足，生命的天堂才会焕发光彩。

20世纪美国最杰出的无神论者——西多·德莱特，他把所有的宗教都看成是神话。人生只是一个傻瓜说出的故事，没有任何意义，但是他却遵循着他眼中的“傻瓜”——耶稣所讲的一个道理——帮助他人。德莱特说，如果每个人想在漫长的人生中享受快乐，就不能只想到自己，而应为他人着想。

西雅图的卢勃博士已很多年没下床走一步了，但西雅图一家报社的记者斯尔特·郭斯却高度评价他是最无私的人。

一位常年卧床的人是怎样化解自己的烦恼，成了一个无私的人的呢？答案就是，他一直遵循着“为他人服务”的信念，并努力去实践它。

他收集了全国各地瘫痪病人的通信地址，给他们发出了一封封充满鼓励、洋溢着关心的信件，激励他们勇敢地与病魔作斗争。他把这些病人联合起来，组成了一个瘫痪者联谊俱乐部，让大家相互写信鼓励。

他每年要在床上发出1400封信，给许多的病人带来了快乐和笑声。

卢勃博士与其他瘫痪在床的病人最大的不同之处在于他深切体会到踏实、快乐、丰美等一切意味着心灵真正富足的感受，而这些都是在帮助他人当中获得的。

正如萧伯纳所说，一个以自我为中心的人，一天到晚都在抱怨别人不能使他开心。只有乐于助人，为他人带来笑声，那么你才能真正的快乐。一个人只要肯奉献自我去帮助别人，他的生命就会闪烁着光彩，充满着喜悦和快乐。

威廉·贝恩太太在纽约市中心开了一所秘书培训学校，她用这种方法，在令人难以置信的时间内治好了她的忧郁症。

5 年前的圣诞节时，贝恩太太沉陷在自怜与悲伤的情绪中。在长时间的快乐婚姻生活之后，她的丈夫离开了人世。圣诞节来临时，满世界的快乐气氛让她更加悲伤。贝恩太太从小到大还没有一个人单独过过圣诞节。有很多朋友都来邀请她和他们一起过圣诞，她怕她会触景伤情，破坏了节日的气氛，便一一回绝了他们。时间越近，贝恩太太的伤感情绪越浓。

圣诞节那天，她下午 3 点钟一个人离开了办公室，漫无目的地在大街上闲逛，希望自己的心情能变得好一些。街上挤满了欢乐的人群。这让贝恩太太不自觉地想起那些快乐的往事。她心头十分茫然，实在不敢回到那空荡荡的、没有人气的家中。漫无目的地走了一个多钟头，她发现自己走到了一个公共汽车站前，顺着人群，她上了车。

不知过了多长时间，只听乘务员在耳边提醒她，该下车了。这时，她都不知道到了哪儿。四周很安静，这时，附近一座教堂里传来了优美的乐声，她循声走了过去，静静地坐在教友席上。教堂里灯火辉煌，圣诞树被装饰得美轮美奂，不知不觉中，贝恩太太就睡着了。

醒来时，贝恩太太一时忘了身在何方，开始有点害怕。这时，她看见面前有两个小孩，显然他们是来看圣诞树的。其中一个小孩还以为她是圣诞老人带来的。贝恩太太突然醒来，把他们两个也吓了一跳。她冲他们笑了笑，他们的衣服很破旧。贝恩太太问他们的父母在哪？他们说自己没有父母了。这两个小孤儿的情况比她糟糕多了，她不禁为自己的忧虑和悲伤感到惭愧。她带着两个小孤儿到附近的商店买了一些小礼物送给他们。这时候，她发现自己的悲痛伤感一下子都没有了。这两个小孤儿让她几个月来第一次忘掉了自己。她要感谢上帝，让她的童年充满了欢乐，她得到了父母无私的爱与关怀。这两个孤儿带给她的远比她带给他们的更多。

这次的经历让她明白，要想让自己快乐，首先要给别人送去快乐。快乐是能够传染的，在付出的同时也会有收获。帮助别人、付出自己的爱，因而克服了悲伤与痛苦，贝恩太太感觉自己就像是变了一个人，内心富足平和，而且从那以后她一直都是如此。

在我们身边，有人之所以生活得有意义，有快乐，有满足感，是因为他能帮助别人，而不是处心积虑地想要索取和占有。奉献，给人一个实现自我的空间，因为他知道要努力工作，为社会服务，他知道要肩负一个帮助和安慰大众的使命。

帮助别人的善心只在一念间，而这种行动所结下的善果，不仅芬芳馥郁，还会香泽万里。谁说前人栽树只有后人乘凉？当种子落地，播种人同样也能在秋天的阳光里品尝到果实的甜美，收获到心灵的硕果累累。

轩辕悟道

我们身边有一些人他们没有很多的财富，还用仅有的一点退休金或工资去帮助别人，自己过着省吃俭用的日子，然而他们却很快乐，很知足。那是因为他们在奉献中找到了自我的价值，在奉献中找到了快乐，他们看似平凡地生活着，其实却肩负着一个或几十个几百个帮助和安慰贫苦弱者的使命，在奉献的空间里，他们的内心感到宁静、祥和与富足。

每一次帮助别人都是在提升自己

人是群居动物，在现实社会，任何人都不能脱离他人、脱离社会而存在，人与人之间是相互依存的关系。善待他人，就是善待自己；每一次帮助别人，也是对自己的一种提升。帮人即帮己，幸福在传递中得到延续。

不愿意帮助别人的人，往往心胸狭窄，心里除了自己的利益容不下别的东西，但越是这样的人越没有大成就。一个人的力量毕竟有限，脱离群体独行独往是最愚蠢的做法。通过帮助别人也接受别人的帮助而取得成功的人才是生活的智者。人的一生不可能一帆风顺，难免会碰到失利受挫或面临困境的情况，这时候最需要的就是别人的帮助，你在这时及时向人伸出援助之手，那么你的帮助无疑成了最有价值的东西，这种雪中送炭般的帮助往往会让原本无助的人记忆一生。每一次帮助别人的小小善举，不仅拥有了好人缘，也最容易得到别人的相助，在关键时候，还常会起到意想不到的作用，使自己更快更好地进步，取得长久的成就。

乔伊斯在美国的律师事务所刚开业时，连一台复印机都买不起。移民潮一浪接一浪涌进美国时，他接了许多移民的案子，常常深更半夜被唤到移民局的拘留所领人。他开一辆破旧的车，在小镇间奔波。多年的媳妇终于熬成了婆，电话线换成了四条，扩大了业务，处处受到礼遇。

天有不测风云，一念之差，乔伊斯将资产投资股票而几乎亏尽，更不巧的是，岁末年初，移民法又再次修改，职业移民名额削减，顿时门庭冷落，几乎要关门大吉。

正在此时，乔伊斯收到了一家公司总裁写来的信，信中说：“愿意将公司 30% 的股权转让给他，并聘他为公司和其他两家分公司的终身法人代理。”他不敢相信这是真的。

乔伊斯找上门去。“还记得我吗?”总裁是个四十岁开外的波兰裔中年人。

乔伊斯摇摇头，总裁微微一笑，从硕大的办公桌抽屉里拿出一张皱巴巴的五美元汇票，上面夹的名片，印着乔伊斯律师的地址、电话。对于这件事，他实在想不起来。

“十年前，在移民局……”总裁开口了，“我在排队办理工卡，人非常多，我们在那里拥挤和争吵。排到我时，移民局已经快关门了。当时，我不知道工卡的申请费用涨了5美元，移民局不收个人支票，我身上正好一美元都没有了，如果我再拿不到工卡，雇主就会另雇他人了。这时，老天在帮忙，你从身后递了5美元上来，我要你留下地址，好把钱还给你，你就给了我这张名片。”

乔伊斯也渐渐回忆起来了，但是仍将信将疑地问：“后来呢?”

总裁继续道：“后来我就在这家公司工作，很快我就发明了两个专利。我到公司上班后的第一天就想把这张汇票寄出，但是一直没有。我单枪匹马来到美国闯天下，经历了许多冷遇和磨难。这5美元改变了我对人生的态度，所以，我不能随随便便就寄出这张汇票……”

乔伊斯做梦也没有想到，多年前的小小善举竟然获得了这样的善果，仅仅5美元改变了两个人的命运。

古人说：“爱出者爱返，福往者福来。”人生在世，要乐于助人，要善给予爱，这样才能提升自己的人生境界，使自己拥有更多的爱和幸福。

需要注意的是，要获得真正的提升，就只能用一颗诚心去与他人交往。在这种情况下帮助别人，别人才会感到真正的温暖。如果带着个人私利目的去帮助别人，只能一时得逞，一旦对方发觉自己是被利用的工具时，即使你对他再好，最终也将失掉人心，适得其反。如果你做不到这一点，你在帮助别人的时候可以试着将自己忘掉，忘掉你提供的帮助和友爱能够给你带来的好处。

帮助别人，要落在实处，不要停留在口头上。世上有两种帮助别人，一种是随便帮助别人，一种是一帮到底。前一种帮助并不算真正的帮助，后一种帮助才是真正的帮助，是帮他人彻底解决困难的帮助。当我们帮助他人的时候，一定要能雪中送炭，要能帮助他解决实际存在的困难。

帮助别人也是需要技巧的，当你想帮助某个人的时候，你要注意具体如何帮助他，才能使他切实得到你的帮助。如果不注意这一点，往往事倍功半，甚至适得其反。

毛主席说过，做一件好事并不难，难的是一辈子做好事。因此，帮助别人要坚持不懈，不要一时兴起就这也帮那也帮，不高兴的时候就谁都不帮。

帮助别人，不能居功自傲。在人际交往中，当我们帮助了他人时，我们不能以此沾沾自喜，自鸣得意，更不能摆出一副救世主的面孔，因为我们的帮助应该是无私的、诚恳的，不存在半点恩赐的意思。如果老记得自己有恩于他人，不仅自己活着很累，而且常常因居功自傲的骄横态度招致别人的不满，使人们不愿接受自己的帮助，使好人缘远离自己。

美国著名的哲学家爱默生曾经说过："人生最美丽的补偿之一，就是人们真诚地帮助别人之后，同时也帮助了自己。"但凡一个有所成就的人少不了拥有一个良好的人际关系网。在不断地给予别人帮助的过程中，良好的人际关系会建立起来，全新的人生境界会开拓出来，心灵在积极的荡涤中变得更加智慧、更加强大。自此，宽阔的人生大道会在这花香弥漫的风景中延伸开来。

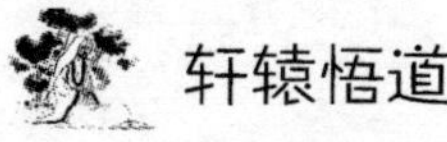

轩辕悟道

人生路上有很多的问题和磨难，所以少不了互相帮助。我们要想在需要的时候得到别人的帮助，那么我们在生活中就要学会在力所能及的情况下，常帮帮别人。其实，在帮助别人的过程中，我们也获得了友谊，获得了快乐，还能长进一些自己不知道的知识。长此以往，还能够提升自己的心灵境界，在帮助中创造一个幸福美好的精神空间。

第十一章

知足、感恩、善解、包容

知足、感恩是立身之本

每个人要立足于社会，都要具备一定的条件，比如外表、体形、气质、习惯、家庭背景、知识、能力、修养、道德等，但是能称为立身之本的一定是精神层面的内涵——知足与感恩。

一位哲人说，世界上最大的悲剧和不幸就是一个人大言不惭地说："没人给过我任何东西。"没有人可以脱离亲人、朋友、其他人和自然界的付出而独自存在。不知感恩，体现的是内心无止境的贪婪和德行的匮乏。

知足、感恩，就是对世间所有人所有事物给予自己的帮助表示感激、铭记在心；知足、感恩，就是我们每个人生活中不可或缺的阳光雨露，一刻也不能少。无论一个人何等尊贵，或是怎样的卑微，无论生活在何地何处，或是你有着怎样特别的生活经历，只要你懂得知足、感恩，随之而来是不断涌动着的诸如温暖、自信、坚定、善良等这些美好的处世品格；自然而然地，你的生活中便有了更多的积极与和谐。这一切都决定了你拥有立身之本——作为社会属性的人，你能够对他人的奉献给予回馈，能够与他人进行良性循环的互动，能够收获快乐、取得成功。

在美国某城市，有一位史蒂文斯先生突然失业了。他是一个程序员，在软件公司干了八年，他一直以为将在这里做到退休，然后拿着优厚的退休金颐养天年。然而，公司却突然倒闭了。史蒂文斯的第三个儿子刚刚降生，重新找工作迫在眉睫。然而一个月过去了，他没找到工作。除了编程序，他一无所长。

终于，他在报上看到一家软件公司要招聘程序员，待遇不错。他揣着资料，满怀希望地赶到公司。应聘的人数超乎想象，很明显，竞争将会异常激烈。经过简单交谈，公司通知他一个星期后参加笔试。凭着过硬的专业知识，笔试中，他轻松过关，两天后面试。他对自己八年的工作经验无比自信，坚信面试不会有太大的麻烦。然而，考官的问题是关于软件业未来的发展方向，这些问题他竟从未认真思考过，因此，他被告知应聘失败了。

公司对软件业的理解，令史蒂文斯耳目一新。虽然应聘失败，可他感觉收获不小，有必要给公司写封信，以表感谢之情。于是他立即提笔写道："贵公司花费人力、物力，为我提供了笔试、面试的机会。虽然落聘，但通过应聘使我大长见识，获益匪浅。感谢你们为之付出的劳动，谢谢！"这是一封与众不同的信，落聘的人没有不满，毫无怨言，竟然还给公司写来感谢信，真是闻所未闻。这封信被层层上递，最后送到总裁的办公室。总裁看了信后。一言不发，把它锁进了抽屉。

三个月后，新年来临，史蒂文斯先生收到了一张精美的新年贺卡，上面写着："尊敬的史蒂文斯先生，如果您愿意，请和我们共度新年。"贺卡是他上次应聘的公司寄来的。原来，公司出现空缺，他们想到了品德高尚、懂得知足和感恩的史蒂文斯。十几年后，史蒂文斯先生凭着出色的业绩一直做到了副总裁。

知足和感恩是美德，也是做人的底线。我们与这个世界每天都发生着千丝万缕的联系，这种联系像一双看不见的手，在背后默默托着我们走向人生的高处；像一条缆绳，维系着我们人生的航程走得更远更广阔；像一条熟悉的路，引领着我们微笑着走向生命的果园。用知足和感恩赢得这样的手、这样的绳子、这样的路，我们的人生必定是快乐而富足的。

人若不懂知足和感恩，旁人给他多少恩惠他都不会满足和心存感激，更不会想到去报答。这样的人，不仅会失去别人无私的帮助，更会失去战胜挫折的勇气。因为当人懂得知足和感恩时，他会更加乐观、积极；而不懂知足和感恩的人则没有这种无惧挫折的精神力量，也就很难度过人生的逆境。这样的一个人，哪有立身之本？又怎能取得杰出的成就？

有一位哲学家，当他是单身汉的时候，和几个朋友一起住在一间小屋里。尽管生活非常不便，但是，他一天到晚总是乐呵呵的。

有人问他："那么多人挤在一起，连转个身都困难，你有什么可乐的？"

哲学家说："朋友们在一块儿，随时都可以交换思想、交流感情，这难道不值得高兴吗？"

过了一段时间，朋友们一个个相继成家了，先后搬了出去。屋子里只剩下哲学家一个人，但是每天他仍然很快活。

那人又问："你一个人孤孤单单的，有什么好高兴的？"

"我有很多书啊！一本书就是一个老师。和这么多老师在一起，时时刻刻都可以向它们请教，这怎能不令人高兴呢？"

几年后，哲学家也成了家，搬进了一座大楼里。这座大楼有七层，他的家在最底层。底层在这座楼里环境是最差的，上面老是往下面泼污水，丢死老鼠、破鞋子、臭袜子和杂七杂八的脏东西。那人见他还是一副自得其乐的样子，好奇地问："你住这样的房间也感到高兴吗？"

"是呀！你不知道住一楼有多少妙处啊！比如，进门就是家，不用爬很高的楼梯；搬东西方便，不必费很大的劲儿；朋友来访容易，用不着一层楼一层楼地去叩门询问……特别让我满意的是，可以在空地上养些花、种些菜。这些乐趣呀，数之不尽啊！"

后来，那人遇到哲学家的学生，问道："你的老师总是那么快快乐乐，可我却感到，他每次所处的环境并不那么好呀。"

学生笑着说："决定一个人快乐与否的，不在于环境，而在于心境。在老师的心里，对于物质总是很知足，对于拥有总是很感恩，所以他快乐，而且让人敬佩。”

知足、感恩犹如心灵的泉水，它源源不断地滋润着心田，使其免于干涸；它让生命充满生机，洋溢朝气，遍洒阳光，享受生活的美好和幸福；它来自于我们的心灵，不假外求，近在咫尺，唾手可得，也不需付出代价，关键只在我们一转念之间。当我们时时用知足、感恩的心来看这个世界，就会觉得这个世界很可爱、很丰美！树上小鸟的轻唱，太阳无私的光明与热能，路旁花朵的芬芳，都会令我们感到心旷神怡。我们只有真正懂得知足和感恩，才会拥有立身之本，成为真正富有的人。而一个不懂得知足、感恩的人，即使家财万贯，他仍然是个贫穷的人！

让我们怀着一颗知足、感恩的心，为你现在所拥有的幸福欢呼吧！知足和感恩，会拂去你心头的忧伤，会抹去你岁月中的阴影，会让黑暗中摸索的你陡然看到前面闪烁的灯光，这样，你才能破茧成蝶，拥有自由的天空！

轩辕悟道

知足才能常乐，感恩才能幸福。不懂知足和感恩的人，往往会在埋怨、嫉妒、羡慕、憎恨当中挣扎，他们不知道人的生活是千姿百态的，人的命运是千奇百怪的。只要我们努力地活着，无论过着怎么样的生活，我们都应该知足；无论经受怎样的苦难，我们都应该感恩帮助过我们的人。哪怕是在口渴时给我们一杯开水的人。让我们换一种心态，生活是苦的，但是我们的心却是甜的。

善解、包容是创业之魂

当今时代的精神内核是改革创新，当今时代的脉搏是开拓进取。身处提倡改革、创业、发展的充满机遇的当今时代，人人都想创业，人人都想成功，人人都想成为社会竞争中的强者。然而要实现这一切目标，并不容易，它没有捷径可走，更不能画饼充饥；只有依靠自己的善解、包容去创造机遇、创造成果、创造自己的事业和未来。

善解、包容是一种智慧、一种气度，更是一种胸怀。英国有一句谚语："世上没有不长杂草的花园。"也就是说，世上没有完人。只有能够敏锐洞察人性，以博大之心包容他人的人才是真正的智者，才能建筑好自己的事业花园。历史上，鲍叔牙了解人才的可贵，善解和包容了管仲的一箭之仇；蔺相如懂得合作的重要，善解和包容了廉颇的公然挑衅；李世民牢记隋亡的教训，善解和包容了魏徵的犯颜直谏……善解和包容成就了他们的辉煌，更推动了历史的发展。

北宋名将韩琦器量过人，生性淳朴、厚道，对于个人的小事不计得失。

韩琦镇守大名府时，有人献给他两只出土的玉杯，这两只玉杯表里毫无瑕疵，是稀世珍宝。韩琦非常珍爱，送给献宝人许多银子。每次大宴宾客时，总要专设一桌，铺上锦缎，将那两只玉杯放在上面使用。结果有一次在劝酒时，玉杯被一个官吏不小心碰到地上摔了个粉碎。在座的官员惊呆了，碰坏玉杯的官吏也吓傻了，趴在地上请求治罪。可韩琦却毫不动容，笑着对宾客说："大凡宝物，是成是毁，都有一定的时数，既然它献出来了，该坏时谁也保不住。"接着，韩琦又转过身对趴在地上的官吏说："你偶然失手，并非故意的，有什么罪呢？"这番话说得十分精彩！玉杯已经打碎，无论怎样也不能复原，责骂、痛打一顿失手的官吏，陡然多了一个仇人而已，众位宾客也会十分尴尬，好端端的一场聚会就会不欢而散，也会大大有损自己的形象。而韩琦此言一出，立刻博得了众人的赞叹，而这位官吏对他更是感激涕零，恐怕给他做牛做马也心甘情愿了。

正因为韩琦的善解和包容，所以尽管他多次处于危险之地，但都能一次次地化险为夷，处于不败之地，实现“仕宦至将相，富贵归故乡”的愿望，被人们尊为“贤相”，欧阳修称其为“社稷之臣”。

现实中，善解和包容的人周围总是聚集着一帮挚友、诤友；善解和包容的领导总是有忠心耿耿的下属；善解和包容的职员总是机遇连连……善解和包容成就了他们的事业，成就了他们的未来。

善解和包容是一种修养，一种境界。佛经讲道：“一念境转。”面对他人的过错，耿耿于怀、睚眦必报会带来沉重的心灵负荷。与其让仇恨啮噬心灵、制造痛苦，不如换一个角度看问题，以善解和包容去获取一份泰然。勾践忍受了十年“卧薪尝胆”的艰辛，灭吴后下令诛尽吴国宗室。韩信未发迹时无端遭受“胯下之辱”，但封王后却笑释前嫌，任命当初侮辱过他的人为巡城校尉。相比之下，韩信的人格要比勾践健全得多。鲁迅先生说过，“渡尽劫波兄弟在，相逢一笑泯恩仇”，这就是善解和包容的境界。对别人不能善解和包容，就会心生郁闷，而生气是拿别人的缺点和错误来惩罚自己。

善解和包容是海纳百川，是厚德载物；善解和包容是睿智恢弘，是宁静致远。康德说：“只有两样事物能让我的内心深深震撼，一是我们头顶璀璨的星空，一是我们心中崇高的道德法则。”这是何等的胸怀、何等的气魄！当今世界，国家、种族、宗教之间的冲突不断，其实，只要人人能多一些善解和包容，世界将变成何等美好的人间啊！

善解和包容，要做到推己及人，将心比心，以自己的感受去体会别人的感受，以自己的处境去推想别人的处境。积极地换位思考，理解别人的处境与心境，做到“己所不欲，勿施于人”；并且在体察他人心境的同时，给予对方所需要的帮助与劝慰，以及时雨般的滋润来慰藉对方的心灵。

善解和包容，要做到以心容人，接纳他人的缺点、脾气与个性，在他人意愿与自己想法不符时，以谅解之心处之；尊重他人的思维方式和行为习惯，让别人在你的善解和包容中如沐春风。

善解和包容还要求我们对许多事情不要太敏感、太在意，要在学会善解和包容的过程中锻炼自己，以最好的心态去对待生活、去处理好每一件事。在事情不尽如人意时，不要产生怨恨，给自己以平静，给别人以宽容，相信生活会更好。

善解、包容是会心的微笑，能化解人的敌意；善解、包容是主动的握手，能温暖人的心房；善解、包容是真诚的姿态，能改变人的看法；善解、包容是双向的心灵沟通，能激发许多积极的共识；善解、包容是创业之魂，能使我们收获更多的机遇和成果，增添更多的快乐和辉煌！

轩辕悟道

善解和包容是处世之道，也是创业之魂。我们可以想象一个整天只顾尔虞我诈、明争暗斗的企业，他们有心思搞好企业的研发、创新，顾得上员工的福利、奖金吗？更没有诚心去做公益。只有具有善解和包容的企业文化，才能真正带领企业走出困境，欣欣向荣。

君子务本，本立而道生

《论语·学而篇第一》上说："君子务本，本立而道生。孝悌也者，其为仁之本与！"意思是君子致力于根本，根本确立了，仁道也就产生了。孝顺悌爱，是实行仁的根本要点。

树木如果要活得长久，必定要固其根本；河流如果要不堵塞，那么就要常常疏浚其源头；国家如果要长治久安，那么就要累积德义；君子如果要成就大业，就必须在道德修炼上做足功课，下足气力。只有基础打牢夯实了，未来才会走向大成——本立而道生。

前凤凰卫视主持人梁冬在旅游卫视主持了一档叫《国学堂》的节目，他们的广告语策划得非常棒，“……不扭曲，不变形，知道自己从哪里来，到哪里去……”这本是所有人都应该知道的作为一个独立的人最原本的认识，但现代人对此却困惑得很，找不到答案，也不知道自己要到哪里去。这种时代的群体性的茫然感，归根结底就是不知道自己的“本”是什么。

其实，我们的老祖宗早就告诉过我们答案，一个人，当他什么都没有、什么都不是的时候，他只要守着一个最简单最质朴的“本”的道德修炼，就可以成为一个受人尊重的人。这个“本”，就叫做“孝悌”。孝，指还报父母的爱；悌，指兄弟姊妹的友爱，也包括了和朋友之间的友爱。孔子认为孝悌是做人、做学问的根本。孝悌并不是教条，是培养爱心，培养人性光辉的爱，是中国文化的精神。

“亚圣”孟子曾说过：“尧舜之道，孝悌而已矣!”

在人的一生中，父母的关心和爱护是最真挚最无私的，父母的养育之恩是永远也诉说不完的：吮着母亲的乳汁离开襁褓；揪着父母的心迈开人生的第一步；在父母无微不至的关怀中成长；灾灾病病使父母熬过多少个不眠之夜；读书升学费去父母多少心血；立业成家包含着父母多少艰辛。可以说，父母为养育自己的儿女付出了毕生的精力。这种恩情比天高，比海深，是人世间闪耀着光辉的伟大力量。

再者，家庭是一个社会的细胞，是一个国家的基本单位，唯有家庭关系安定和睦了，社会才会健康和谐发展，国家也才会长治和久安。试想，一个人如果连孝敬父母、报答养育之恩都做不到，他怎么可能为家庭、为社会、为国家作出贡献呢？因此，对父母的爱是人类一切爱的源泉，从爱父母开始，爱同学、爱朋友、爱集体、爱祖国……孝悌让我们渐渐懂得如何去爱，如何去修身。反之，不孝顺则是人类最大的罪过，是一个人修养中最大的缺憾。

有这样一个故事：

一个年轻人去一家公司求职。经理在看了他的文凭和简历后，仿佛不经意地问了一句："你给你母亲洗过脚吗？"

年轻人一愣，摇摇头。

经理说："你先回去吧，我们考虑考虑，过两天再答复你。"

年轻人回到家，想经理为何要问他那个问题。这时母亲走过来，关心地问："孩子，你找工作有结果了吗？"

年轻人说："还没有。对了，妈妈，让我给你洗洗脚吧。"

母亲有点吃惊。难得儿子有这份孝心，就答应了。

年轻人端来一盆热水，生平第一次给母亲洗脚。母亲的双脚已经不再光滑，变得粗糙。年轻人手摸着母亲的脚，突然生出许多感动。他想起了母亲含辛茹苦养育他的种种往事，他掉泪了……

第二天，他又去了那家公司。经理说："不是让你在家等候通知吗？"

年轻人说："我希望尽快得到这份工作……"

经理问："为什么？"

年轻人说："我昨天给母亲洗了一次脚……我想尽快就业，让母亲过上好日子。"

经理向他伸出手："那我就祝贺你吧——你被录取了。"

经理为什么会如此爽快地录取了这个年轻人？因为他看到，年轻人已经真正懂得了"亲情"，懂得了为人子的责任，今后他会认真工作的。

成就一个成功的人生、一份成功的事业，其前提应该是一个幸福快乐的家庭：父慈子孝，兄友弟恭，家庭和睦，其乐融融。一个对自己的亲人都绝情寡义的人，怎能想象他会真诚地为与自己没有血缘关系的人献出爱心？在家不尊敬父母，到了社会上，能真正尊敬师长、上级和前辈吗？如果表现出“尊敬”，那也多半是出于利害的考虑伪装的。

鸦有反哺之恩，羊有跪乳之德。一个人无论多么有权有势，如果不孝，那就连畜生也不如。父母教养孩子一辈子，那么晚辈对长辈尽孝，不但要很好地承担对父母应尽的赡养义务，而且要尽心尽力满足父母在精神生活、情感方面的需求。特别是对年迈的父母，更要精心照顾，耐心安慰。

生活中，有的人认为只要能养父母便算孝了。其实，就是犬马，一样能有人养着。没有对父母一片敬心，又在何处作分别？因此，对父母尽孝也不能仅仅停留在物质生活层面，还应懂得老人的爱心需要领会，老人的寂寞需要慰藉，老人的想法需要尊重。

比如，现在城市里的大多数老人，虽然有儿有孙，在生活上不愁吃穿，不缺钱花，但是孩子因为工作的缘故几乎都不在身边，平时很少见面。所以，在他们的感情上最渴望的是能与所有的亲人团聚。不是有首歌中唱到“常回家看看，回家看看，哪怕帮妈妈捶捶后背，揉揉肩，老人不求子女为家做多大贡献，只求个平平安安，团团圆圆”，这正是老人心境的反映。因此，做儿女的要多陪陪老人，聊聊天，说说话，让老人感受到一份天伦之乐。

孝悌在本质上是一种温柔的爱，是收获人间真情，领略生活真味难得的捷径。人生于世，风风雨雨几十年，为人子女，势必要身体力行的尽孝悌之道，才能确立精神境界的根本，品味到生活的真味，感受到人间的真情，进而才能踏上实现远大理想的康庄大道。

轩辕悟道

孝悌是中华民族的传统美德，一个人来到世上第一眼看到的是我们的父母，第一个生活环境就是我们的家庭，因此家对于每一个人来说都是感情深厚的，上学时有着全家人的辛苦，儿行千里还要母担忧，无论是世态炎凉、人情冷暖，永远不会嫌弃你的就是你的家人，特别是你的父母，家是儿女幼时的安乐窝，长大时幸福的牵挂，苦难时的避风港。况且孝敬老人是我们应尽的法律义务，也是我们人之常情！

第十二章

成熟在逆境，醒悟在绝境

逆境是成功的原动力

大多数人认为逆境乃是一种消极因素，殊不知逆境在某种意义上更是促使人积极向上、使人成功的原动力。对于强者，逆境从来就不是包袱。大凡成功的人都是从逆境中崛起。司马迁《报任安书》中有这么一段话："文王拘而演《周易》；仲尼厄而作《春秋》；屈原放逐，乃赋《离骚》；左丘失明，厥有《国语》；孙子膑脚,《兵法》修列；不韦迁蜀，世传《吕览》；韩非囚秦,《说难》《孤愤》。《诗》三百篇，大抵圣贤发愤之作也。"说的是人们身处逆境之时，不坠青云之志，更加发愤图强，最后青史留名。

事实上，身处逆境并不可怕，可怕的是在逆境面前屈服，被逆境压垮。中国近代著名美术家丰子恺先生说："人间的事，只要生机不灭，纵使遭受天灾人祸，暂受阻抑，终有抬头的日子。"其实，世间没有我们克服不了的困难。许多看来要摧毁一切的不幸，只要尽力而为，总能挺过来，从巨大痛苦中挣脱出来，甚至取得意想不到的收获。

开普勒出生在德国威尔的一个贫民家庭，全家人只靠经营一家小酒店生活。由于他是一个早产儿，体质很差。他在童年时代遭遇了很大的不幸，4 岁时患上了天花和猩红热，虽侥幸死里逃生，身体却受到了严重的摧残，视力衰弱，一只手半残。但开普勒身上有一种顽强的进取精神。他放学后要帮助父母料理酒店，但一直坚持努力学习，成绩一直名列前茅。

1587 年，开普勒进入蒂宾根大学。这时候，新的不幸又降临到他身上了，父亲病故，母亲被指控有巫术罪而入狱。生活的不幸并未使他中止学业，他反而加倍努力学习。在大学学习期间，他成为哥白尼学说的拥护者，开始了对神学的挑战。毕业后，他被聘请到一家神学院担任教师。由于学校被天主教会牢牢控制，他被迫离开神学院前往布拉格，从此，他专心地从事天文观测工作，不久，又被聘为皇帝的数学家。然而皇帝对他十分悭吝，给他的薪俸仅仅是同级官员的一半，还时常拖欠不给。他的这一点点收入不足以养活母亲和妻儿，因此生活非常困苦。

后来，开普勒被聘到奥地利林茨一所大学任教。由于校方拖欠薪金，开普勒一家生活拮据。在贫困中，开普勒的妻子病故。

但在贫困与坎坷中，开普勒却从未中断过自己的科学研究，并且在这种艰苦的环境下取得了天文学上的累累硕果。他突破性的天文学理论，以及他不懈探索宇宙的精神成为后人铭记他的最好的丰碑，他被后世的科学史家称为“天空的立法者”。

逆境的积极作用表现在以下方面：

1. 逆境使强者冷静反思

正所谓：“苦难是人生的老师。”逆境使强者产生挫折感，而强者在挫折后能够冷静地思考逆境的根源，思考如何避免逆境给人带来的灾难，进而想办法补救或改善。如果实在改变不了就另辟蹊径，逆境使强者学会了反思和创意思考。

2. 逆境似“激将法”，把强者激怒而产生巨大的内驱力

只有刻骨铭心的失败，才能够激起一个人成功的欲望。逆境会使强者做出一般人做不出的成绩。

心理学研究表明：痛苦可以促使人去设法改变引起痛苦的处境，或解除引起痛苦的原因。因此，逆境中强者虽痛苦，但是他们会忍住痛苦去战胜逆境，去改变逆境，使自己从痛苦中解脱出来。

逆境还能引起人的愤怒，愤怒可以转化为一种内驱力。逆境引起人的愤怒，有的是直接的——比如有人故意诬陷自己而使自己愤怒；有的愤怒是由痛苦转化而来的。心理学研究表明，过分的痛苦可以转化成愤怒和仇恨。愤怒和仇恨属于否定性积极情感，只有正向的积极情感才可以使人产生活力，成为一种强大的内在动力，支配人产生积极的行为。

3. 逆境阻碍了人的合理需要的满足，为了满足需要，强者奋力与逆境抗争

心理学认为：需要是人的心理活动的原动力，人的一切活动都是受需要支配而产生的。人的生命不息，需要不止；人若没有了需要，生命也就停止了。但是，逆境阻碍了人的合理需要的满足，社会使人产生挫折感。例如，贫困使人的物质需要的满足受到限制；个别人的诬陷，诽谤使正直者的自尊需要的满足受到阻碍和破坏，这些都会使受阻者产生挫折感。在挫折面前，弱者会自暴自弃，而强者却认为自己的合理需要应该得到满足，所以与逆境抗争。这种抗争，使强者产生了巨大的行为动力，最终以战胜逆境使自己的合理需要得到满足为止。

4. 逆境能锻炼强者的勇敢、适应能力和毅力

歌德这样说过："失去金钱损失甚少，失去健康损失甚多，失去勇气损失一切。"没有勇气就无法战胜逆境；失掉勇气就失掉了一切。强者都深知这点，因此，他们能勇敢地面对逆境，勇往直前。在与逆境的抗争中，他们由困惑，缺乏经验，情绪难平逐渐到清醒成熟、情绪平静，增强了对逆境的适应能力，锻炼了自己的毅力乃至各方面的品质。

5. 逆境使强者立志做人生的主人

逆境是主体以外的因素，是主体自己不能控制的，它反倒会控制主体，主体在逆境中产生挫折，会有一种被人摆布、任人宰割之感，这就使主观能动性很强的强者产生要主宰自己命运的切身感受和需要，立志要成为自己人生的主人。

在人生的道路上，每个人都会遇到种种挫折、打击和困难，使我们一次又一次地堕入苦难的深渊。但是，面对逆境，如果你发愤图强，相信天生我材必有用，坚持以百折不挠的意志去奋斗，你就会顺利地从痛苦的束缚中挣脱，将自己的生命之舟驶向美丽的成功彼岸。

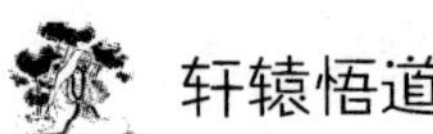

轩辕悟道

逆境在人生路上处处都会与我们相遇，但是逆境是把双刃剑，它能使人脆弱，也能使人坚强，关键在于你怎样对待逆境。坚强和智慧的人会在逆境中奋起勃发，逆境激发了他们对成功的渴望；软弱和平庸的人则在逆境中随波逐流。所以我们要能充分认识到逆境的积极作用，并善于把逆境转化成驶向成功的原动力。

绝境的隔壁是天堂

生活的道路不可能永远是坦途，难免会遇到令人痛苦、绝望的境遇。对于许多意志薄弱的人来说，他们总是在绝境中失去勇气。他们羡慕那些成功者和富人能够跨越绝境，却从来没有想过自己也能够像他们一样。其实，只要不放弃希望，任何绝境的压力都能转化成动力，寻找到有效的方法跨越绝境，顽强地突围出去，踏上成功的天堂。

他出生在美国新罕布什尔州的桑顿乔森林地区的一块贫瘠的土地上。他的出生，似乎就意味着要尝遍世间的悲苦与辛酸。3 岁丧母，7 岁丧父，童年的笑声还不曾透出他的咽喉，他便成为了举目无亲，孤苦伶仃的孩子。

命运将所有的不幸都压在他柔弱的肩膀上。为了生存，他开始了比山区里一般孩子更为艰苦的生活。他先是寄人篱下，为了生活，每天工作 14 个小时以上，可仍是吃不饱饭。没有人愿意和他在一起，他也不曾拥有朋友。他每天的生活就是在不停劳动的同时，忍受主人的虐待和孩子们的嘲弄。

为了脱离困苦的生活，为了让自己的身体不再经受摧残，他先后跟了五个主人，但遗憾的是，情况丝毫没有好转。

14 岁的深夜，他决定要有所突破，要彻底挣脱这种奴隶式的生活。于是，在一个阳光明媚的周日清晨，他仓皇出逃，颠沛许久之后，终于在一家锯木厂找到了工作。他一边工作，一边靠微薄的收入来断断续续地上学。从 14 岁念到 23 岁，他终于踏入了大学校门。

9 年后，当同龄人正为前程忙得头破血流的时候，他已经顺利拿下了波士顿大学学士学位，波士顿大学硕士学位，哈佛医学院博士学位，以及波士顿大学的法学学士学位。

同时攻读多个学位的事实并未影响他的收入。毕业前夕，他已经积攒了 2 万美元，以备创业。17 年后，40 岁的他成为了旅店行业里举足轻重的人物。

就在事业蒸蒸日上的时候，天灾人祸接踵而来。连年干旱致使经济萧条，更要命的是对他来说重要至极的旅店，在一场大火中几乎化为灰烬。倾注了他半生心血的 5000 多页的手稿，也在大火中消失殆尽。

他不曾就此屈服，尽管负债累累。他带着永不变更的梦想来到了波士顿，开始了成功学方面的创作。1894 年，在他心灵深处沉寂了三十年的梦想终于实现。其处女作《伟大的励志书》获得了巨大的成功，一年之内便再版 11 次。截至 1905 年，仅在日本一国的销量就近 100 万册。

三年后，他创办了《成功》杂志，同样获得巨大成功。单册发行量超过 30 万册，拥有员工 200 多名。但命运喜欢捉弄他。1911 年，《成功》杂志因产生内部分裂，后又得罪权贵而被告上法庭，无奈被迫停刊。他又一次被命运从巅峰抛至谷底，债务缠身。

他仍不曾放弃，之后再次创办了《新成功》杂志。直到 6 年后他离开人世，这本杂志依旧影响着千千万万的忠实读者。

他就是奥里森·马登——全世界公认的美国成功学的奠基人和历史上最伟大的成功励志导师、成功学之父。

如果有人要探寻奥里森·马登的成功秘诀，那么，我想答案一定是因为他比任何人都清楚，所有的绝境隔壁，都是等待人们去发现的天堂。世界上根本不存在绝境，不管再大的困难，再惨的遭遇，只要心灵不曾干涸，即便是荒凉的土地，也可以成为绿洲；只要心中的希望之火未曾熄灭，就会看到胜利的曙光；只要具有灵活的头脑和积极的态度，就会在绝境中开辟出一条希望之路。

1989 年，一位年轻的大学毕业生进入万宝冰箱厂工作。这家工厂付给他的月薪是 400 元。这在当时，可以算是高薪了。

可是，在这里工作了 3 个月后，年轻人就放弃了这份高薪工作，到中科院读研究生去了。

研究生毕业后，身边的朋友都认为他肯定会找一个比万宝冰箱厂待遇更高的企业去工作。没想到他却去了联想公司，月薪不到 300 元。在这里工作了一段时间之后，工资才慢慢涨到 400 元。

有朋友不解地问："你读了 3 年研究生，现在挣的钱和万宝冰箱厂一样，这几年学岂不是白上了？"听了这话，年轻人笑而不答。

一年后，他去一家新加坡的多媒体公司应聘，并从 30 多位候选人中脱颖而出，获得了月薪 1 万元人民币的待遇。就这样，他在异国开始了 6 年的打工生涯。

在新加坡的 6 年里，他先后在 3 家软件公司任职，后来还进入了著名的飞利浦公司。他不断跳着槽，更让人想不到的是，他在不断的跳槽中并不是为挣多少钱，而是更关注所承接的业务价值。即使是一个微不足道的小问题，他也会火速赶去帮客户解决。

在新加坡，他认识了一个同行，两个人相谈甚欢，性格相投。于是，他们从自己的公司辞职，一起合资开了一家公司。

这次创业真可谓诸多磨难，他们的公司一次次面临绝境，又一次次在绝境中爬起来。终于，这家公司能够持续赢利了。这位年轻人正是朗科公司的创始人邓国顺。

对于邓国顺的成功，人们常用“奇迹”两个字来形容。他一次次将自己推向“绝境”，又一次次从绝境中走出来。

在一次接受记者采访时，有人问及邓国顺成功的原因。他只回答了一句话：“只要不放弃希望，任何绝境都能发现机遇。”

无论黑夜多么漫长，朝阳总会冉冉升起；无论风雪怎样肆虐，春风终会缓缓吹拂。当挫折接连不断，当失败如影随形，当命运之门一扇接一扇地关闭时，我们永远也不要怀疑：光明总会到来。事情总会有转机，不要消沉，不要一蹶不振，用阳光武装自己，相信船到桥头自然直，相信大雨过后天会更蓝。因为，绝境的隔壁是天堂。

轩辕悟道

很多的成功者告诉我们，生活是没有绝境的。他们并没有优于他人的先决条件，就像文中的马登和邓国顺，甚至连我们都不如，然而他们成功了，很多人之所以称其“奇迹”，那是因为我们只看到了他们的鲜花和掌声，而没有认真去了解他们背后的难以想象的艰辛和付出。

懂得变通，才能由逆境走向顺境

人生在世，每个身处逆境的人所遇到过的困难各有不同，每个人的应对方式也不一样。但无论如何，任何人遇到任何困难，都必须变通，不变通，就无法克服困难，很难走向成功。只有懂得变通之道，才能战胜逆境、走向顺境。

萧伯纳说："明智的人使自己适应世界，而不明智的人只会坚持要世界适应自己。"变通是天地间莫大的才能，是一种能够转弯，能够突破，能够机变为用的智慧。这种智慧基于对事、对人、对物进行的多角度、多层次、多方面的思考，从而灵活找出最佳的打败逆境、改善局面的方式。在生活当中，我们经常会惊喜地发现：在逆境中，只要通过多变换角度、多层次地进行思考就能够把难题迎刃而解了。这就是变通之道。

瑞士的西铁城手表质量优良，全球闻名，属于世界名牌。然而，它在刚进入法国市场的时候却市场惨淡，并不被人们看好。究其原因，是因为法国人对西铁城表根本就不了解。

钟表商为了让法国人了解西铁城表费尽了心思，但基本上没有任何效果，以至于该公司决定撤离法国市场。正在这个关键时刻，有一名中层经理出了一个"流星雨"的主意。他提议公司首先广泛宣传：某日将有世界上最好的手表从天而降，谁拾到就归谁。

数千人怀着侥幸的心理在这天来到指定广场。预定的时间一到，忽然有一架飞机横空出世，不一会儿，一只只晶光闪亮的手表从天而降。广场上的人兴奋地拾起落在地上的手表，居然完好无损，这让法国人真切地了解到西铁城表的优良品质。从此，西铁城表得到了法国人的认可并名声大振。

上面的故事启示我们：在逆境中遇到再多的困难和挫折，都不要轻易认输和放弃。只要保持冷静，在不通的地方寻找变数，就能在逆境的落脚点寻找到顺境的起飞点。

在 1915 年的国际巴拿马商品博览会上，世界各地的展品琳琅满目。可是，中国送展的茅台酒很长时间无人问津，这使得每个参加博览会的工作人员都很着急。在大家都不知所措的时候，其中一个工作人员想出了一个非同寻常的办法。他提着两瓶茅台酒，走到展览大厅最热闹的地方，故意装作不小心把酒摔在地上。顿时，一股浓郁的酒香弥漫了整个展览大厅，“好酒！好酒！”大厅里响起了此起彼伏的赞叹声。这位中国工作人员的创意果然奏效：茅台酒在这次博览会上被评为世界名酒，从此名声远扬。

俗话说：“山不转，路转；路不转，人转。”西方的《圣经》上也有这样的记载：“上帝关了这扇窗，必会为你开启另一扇门。”的确，天无绝人之路，只要懂得变通，总会化逆境为顺境，走向成功。

（1）乐于学习：不要将所有的精力都用在维持现状上。你正在经历的挑战，需要你鼓励自己敞开胸怀有意识地学习在变化中潜藏的知识，需要你勇于面对那些挑战，让自己随着变化的潮流一起成长，并且要和变化带来的紧张感一起成长。

（2）自信：掌控转变的关键就是要自我信任。自信让你能坚持下去，并坚信所有的事情都会过去。

（3）自我要求：不时提醒自己做到以下 6 个转变：

①从关注问题转变为关注机遇。

②从关注短期情况转变为关注长期情况。

③从环境关注型转变为目标关注型。

④从管理控制型转变为灵活变通型。

⑤从利己转变为大公无私。

⑥从独断专行转变为开明民主。

做到这些转变可以让你从应对型转变为品格型，从而使你的能力大大提高。

（4）转变焦点：不要把注意力放在对失败的恐惧上，而是更多地关注那些可以激励我们实现飞跃的目标和梦想。

（5）打破常规：人的思维方式，常常出现两大定式：一是直线型，不会拐弯抹角，不会逆向思维和发散思维；二是复制型，常以过去的经验作为参照，不容易接受新鲜事物。因此，变通还要会审时度势、敢于打破常规。

每个人都应该学会变通，在变通中发展，在变通中走向成功。变通的力量是无穷的，它是人们通向成功之路的一种捷径，能够大大缩短行动与目标之间的距离。

长期以来，许多人习惯于定势思维，他们要么因为惧怕，要么因为懒惰，总以为变通是不可能会成功的，从来没有打算改变自己的思维，从来不考虑要靠自己想出新的办事方法。这种人注定只能深陷逆境的泥沼，难以自拔。

古人云："穷则变，变则通，通则久。"身处逆境之时，正是需要灵活变通之际，只有懂得变通，才能长久地打开成功之门。做企业如此，做事情也如此，困难来了，僵局出现了，机遇也就悄悄在旁边等候着了，关键是不要死守陈规，不懂变通。坐等、观望是不会使问题出现转机的，只有及时调整思路，当变则变，才能表现出令人拍案叫绝的智慧，创造出出乎意料的奇迹。

轩辕悟道

生活中很多事情其实都是可以变通的，特别是身在逆境中时，能够适时变通，就会走上阳光大道。当然这个变通是有讲究的，就是不要一味地往死胡同里钻，要永远给自己信心，思维要打破常规，转换角度，结合实际，运用你的知识和经验，或求教可以帮助你的人，总之“山不转水转，水不转路转”，虽说是歌词，也是生活的真谛。记着在逆境中，能够救出你的第一人，就是你自己。

第十三章

王道以德服人，霸道以力服人

爱民之君是苍生的期盼

任何国家的任何时代，人民都是社会主体，是社会物质财富和精神财富的创造者，是社会变革、发展的决定性力量。因而，爱民就是社会公共道德的最基本的原则之一，也是各个阶级的阶级本质及其历史使命的客观要求。对于人民来说，合乎道法的国家、社会的领袖者能够利在当代、功在千秋，因此，无论何时，爱民之君都是苍生的期盼。

自古以来，“民为邦本”“敬德保民”“爱民如子”的思想都深深地影响着中国古代明君，成为他们实行廉政的一个重要方面。

汉文帝刘恒所实行的一些廉明措施，较为突出地表现了一个贤明皇帝的爱民之心。公元前178年（文帝前元二年），汉文帝接受谋士贾谊的意见，号召百姓多生产粮食。他说：“农，天下之本，其开籍田，朕亲率耕，以给宗庙粢盛。”他按照古代的传统，在一年之初春耕前亲自下田耕种，来作为天下的表率。公元前168年（文帝前元十二年），文帝再次下诏劝农，并对一些玩忽职守、劝农不力的地方官员大加斥责。

为了使耕种顺利进行，当农民缺少五谷种子或者没有口粮时，文帝便下令由各县借给他们，并让各地官员下乡进行农贷。种种措施实行后，粮食产量逐年增加，西汉日趋强盛。

在重视农业生产的同时，汉文帝还一再下诏减轻百姓的负担。前元二年，责令各级官吏尽量减少百姓的赋税徭役，并下诏免除天下田租之半。第二年，又下诏免除晋阳（今山西太原）和中都百姓三年的赋税。前元十二年，又规定只收当年租税的一半。翌年，再次下诏“除田之租税”，在以后长达12年中不收田赋，直到景帝元年。

在多次减免土地税的同时，汉文帝还经常减免人头税。在他统治时期，百姓的徭役负担也比较轻，由原来的成年男子一年服役一次变为三年一次。所以汉文帝在位时，政治比较清廉，社会相对稳定，人民能够安居乐业，为中国封建社会的第一个盛世“文景之治”创造了良好的开端。

可以说，正是由于汉文帝的爱民政策，满足了苍生的期盼，西汉社会才又趋向安定。

西方人眼中最伟大的中国皇帝之一隋文帝杨坚，是隋朝开国皇帝，被尊为“圣人可汗”。在美国学者迈克尔·哈特 1978 年所著中《影响人类历史进程的 100 名人排行榜》排行第 82 位。

隋文帝杨坚即位的第一年就颁布诏令继续推行均田制。这在一定程度上限制了土地的兼并和豪强势力的发展，或多或少地分配给无地或少地的农民一部分土地。

在推行均田制的同时，隋文帝还接受了苏威“轻徭薄赋”的建议，几次下令减免赋税和减轻徭役。开皇三年（公元 583 年）曾下令“减调绢一匹（四丈）为二丈”，还多次因灾免除赋税。

在徭役方面，将服役的年龄由原来的 18 岁改为 21 岁，原来岁役 30 天缩短为 20 天。

文帝对民生非常关心，经常派人到民间了解百姓疾苦。有一年关中地区发生饥荒，在民间访察的使者给文帝带回一些百姓吃的碎豆杂粮。文帝看了之后，不禁潸然泪下，立即拿给群臣观看，责备自己为政不善，下令裁减御膳，近一年的时间不近酒肉。他还亲自率领饥民去洛阳就食。一路上，他命令左右官员扶助百姓，自己还常常引马避路，让百姓先走。在中国封建君王中，像文帝这样爱护百姓的是不多见的。

正由于隋文帝的廉明爱民政策，社会呈现了一派欣欣向荣的景象。唐初有人曾以艳羡与向往的口吻描绘这一时期的情况是“君子”、百姓都对生活感到满意，强者不欺凌弱者，众者不残暴寡者，人口滋多，财富殷阜，全国上下一片欢娱。

晏子在回答齐景公的治国之问题时说：“贤明的君主在朝政上任用有才能的人，在行动上爱护他的百姓，减少对百姓的租税征收，自己生活也俭朴。国君居上而不侮民，推行政务时不轻视那些贫穷之地。对为非作歹祸害百姓的人要惩处，对进言敢谏者要奖赏，对上严厉对下宽恕，赦免犯有过失的人，赈济贫民。不因一时高兴而进行赏赐，不因一时恼怒而进行处罚。不放纵自己的情欲而使百姓劳顿，不发泄自己的怒气而危及国家。国君不骄横，百官也就不谄媚。国君不偏袒宠信，百官中就没有人阴谋篡位。国君薄敛厚施，百姓就没有饥寒之苦。不做骄横的事情而崇尚团结，百姓就能安居乐业而爱戴国君。贤明的君主就是这样治理国家的。”

从以上事例和言论，我们不难看出，历代明君都是爱民的，他们实行廉明的爱民政策，在客观上缓和了紧张的阶级矛盾，从而推动了历史的发展。这样的君主是众望所归，是人民之福，将会永远被历史铭刻，被人民敬仰，对人类的文明进程产生深长久远的积极影响。

轩辕悟道

“王道以德服人”虽说的是君王治国之道，其实也适用于我们现代的赢者思维之道。“得道多助，失道寡助”“得民心者得天下”，君王失去民心，国家不能安定，难谈国富民强；作为现代的赢者如果失去市场，失去消费者，失去产品的创造者，与人竞争不讲原则，那么再精明的赢者，也会走向破败。

众生平等，拥有同样的尊严

著名国学大师南怀瑾先生在讲到《金刚经》第二十五品时说，佛告诉我们，所谓凡夫者，本来是个假名，没有什么真正的凡夫，假名叫做凡夫而已。

也就是说，一切众生都是佛，只是众生找不到自己的本性；找到了就不是凡夫，个个是佛，众生平等，任何人都无权损害他人的利益和践踏他人的尊严。以平等的心对待所有的人，不仅是对他人的尊重，也是一种真正的自重。

自古以来，身份和地位就是人们的追求，人们以此为高贵，拒绝卑贱的生活。从血统开始，至今仍然在社会熙熙攘攘的上演着。追求向上的努力无可厚非，但是我们要避免被优越感遮蔽了自己的视线，看不到真实生活的面目。“众生平等，拥有同样的尊严”，这一思想是自我修养和人际交往的基础。如果一个人不能站在这样一个“平台”上，就会在心理上出现一种不平等现象，使我们缺乏自信，或者拔高自己，从而导致各种负面影响。

有一次，英国大作家萧伯纳休息时和邻居小女孩一起玩耍。当他送小女孩回到家门口时，萧伯纳习惯性地对小女孩说：“知道我是谁吗？一会儿回家后告诉妈妈，就说今天你和萧伯纳一起玩了！”小女孩眨了眨眼睛，然后天真地说：“知道我是谁吗？告诉你，刚才和你一起玩的是克里佩斯莱娅！”

听到这里，萧伯纳立刻意识到自己的名利心太重了，不禁十分羞愧。此后，萧伯纳每次和朋友谈起这件事都会十分感慨：“那位小女孩给我上了人生最好的一课！一个人不论取得多大的成就，拥有多高的地位，他在尊严上都应该与周围的人平等。”

众生平等，这是公认的准则。但是在现实生活中，一些人仍旧因自己的金钱、地位感觉自己高人一等，有一种天然的优越感。

《尚书·洪范》里提到了五福，分别是寿、福、康宁、修好德、终命，但是唯独没有提到贵，这是为什么呢？因为贵贱是可以相互转化的。身居高位的贵人早上还是一个公卿，可能到了晚上就会变成一个平民。此一时，他们可能腰缠万贯、大红大紫；彼一时，一旦失势就会招来祸害，被投放到监狱，甚至发配流亡，这种悲惨的境地往往连普通百姓都不如。

“我们不仅灵魂平等，而且剥了皮都是一样的形骸，我们凭什么要认为谁比谁高贵，又凭什么觉得谁比谁低贱呢？”在社会生活中，拥有同样的尊严是社会的客观事实，也是宪法的最高价值。那种认为某些人高贵或低贱的思想是错误的，这只能证明当事人的无知。

在滑铁卢战役中，英军总司令威灵顿公爵全力以赴，最终打败拿破仑。之后，他返回伦敦，举办了一个隆重的庆祝晚宴，不但有很多参战立功的官兵参加了晚宴，还有许多各界名流和绅士、女士到场。

晚宴的菜肴非常丰盛。吃点心前，在每一个人的面前都摆了一碗清水。其中一名农家出身的士兵竟大大方方地端起来喝了一口。他的举动被在场的贵宾看到，他们都窃笑不已，原来这碗水是在吃点心前洗手用的，不是喝的。这个士兵因为不懂这个礼节才闹了笑话。当时，这个士兵羞得不知所措，恨不得找个地缝钻进去。

就在这个尴尬的时刻，威灵顿公爵突然端起面前的洗手水，站起身来说：“各位女士、先生们，让我们共同举杯，为这位英勇的士兵干一杯吧！”在场的所有贵宾都显露出惊愕的神情，以为威灵顿公爵在开玩笑，但当他们亲眼目睹威灵顿公爵先干为尽时，才相信了眼前的一幕。顿时，贵宾们爆发出一阵热烈的掌声，大家举杯同饮。不但那位士兵，在场的每一个人都被威灵顿公爵的友善、机智而感动。

威灵顿公爵带头喝洗手水，同一个不懂礼节的士兵干杯，帮他摆脱尴尬的处境。表现了威灵顿公爵对士兵的人格的尊重。威灵顿公爵知道，在尊严面前，任何人都是平等的，士兵的尊严与公爵的尊严没有区别。

一位事业非常成功的总裁曾经这样说过："如果人有高下之分，那么是因为德行而不是职位。我以前当过工人，但是我从来就没有觉得我比厂长低一等；现在我当了总裁，我也没有认为我比我的秘书高一头。"

实际上，世上没有无所不能的人，也没有一无是处的人。所谓"尺有所短，寸有所长"，一个人在某一方面取得了成就，在另一方面也可能会有自己的致命弱点。因此，我们要培养平等心，意识到自己的不足，看到他人的长处。

既然众生平等，拥有同样的尊严，当然也应延伸至其他生物，而不仅仅局限于人。可是现实中人们常常认为人类才是地球的主宰，可以对其他生物为所欲为，这是有违人的真我自性的。

东北仙人桥养熊场关了十余只月熊用于取胆，每天冷酷地穿着白大褂的工人用铁钩钩住熊颈，在月熊的腹部用刀割一口，伤口上插一管，直通胆囊。这就是所谓的"活体取胆"。当墨绿色的胆汁被抽出来时，无辜的月熊大张着嘴剧烈喘息。这种酷刑从上午8点持续到10点，有的月熊疼痛难忍，发生自残。它们自扒伤口，把肚肠拉出来，狂号着以自己的血肉之躯向人类抗议。而熊场主却喊着："快砍熊掌！"因为熊掌得活砍。血淋淋的熊掌从奄奄一息的月熊身上砍下，看到这一幕，四周所有的月熊发出撕心裂肺的哀鸣。

类似的事情不止发生在月熊身上，生吃猴脑、活体取翅……人类有何权力，对动物做出如此凶残的行为？

当然，社会的平等总是逐步向好的方向进化的。当我们遭遇不平等时，我们要平静地看待落在自己头上的不平等，从自己的内部世界找到产生这种不平等的原因，并加以自我对治，才能从根子上养智慧，绝祸害，使悲剧不再重复。

与此同时，宽容别人的旧恶，以“凡是人，必有爱”的发展眼光看外界，用自己不念旧恶的行为感化别人，就必能使事情的总体结局向着平等化的趋势发展。切记，真正具有平等心的人，他一定会获得平等的！

在这个广袤无垠的世界上，众生平等，众生都渴望被尊重，都有被尊重的权利，都拥有同样的尊严。因此，我们要涵养自己的平等心。一颗平等心会让我们自尊自爱、站稳脚跟、挺直胸膛、平视自己、平视旁人、平视现实、平视世界，会使你找到真我，使你的言行处处散发出人格的光辉。人们向往的和平、爱、人与人之间美好和谐的关系，也会在众生平等、众生都得到尊严的世界里构筑起来。

轩辕悟道

贫富等级和男尊女卑的时代早已过去，我们在人人平等的社会里感受到了人格和尊严的平等。但是在现实生活中，我们很多人感到社会有很多的不公，有财富的不公，有法律的不公，有权利的不公等，其实在我们这样的发展中国家出现这些的问题是很正常的。就像人的青年时期，有很多东西要学，要摸索，有很多要亟待完善的地方，包括我们的社会制度和经济建设、法律体系、贫富差距等，我们作为国家的一分子，可以献言献策，为国家尽公民的一份职责和义务，好使我们尽早地享受到国家的好政策。

以力服人者，非心服也，力不赡也

《孟子·公孙丑上》说：“以力服人者，非心服也，力不赡也；以德服人者，中心悦而诚服也。”

意思是说：靠力量来使人服从自己的，别人并不会从心里服从，他只是因为自己的力量不够才不得已屈服的；靠仁德使人服从自己的，别人才会从心里高高兴兴地真正服从。

这是孟子对霸道和王道进行的对比（这里的霸道是指以武力来征服别人，王道是指实行仁政、重视道德教化），在他看来，霸道以武力服人，别人不得不暂时屈服；而王道则是能获得民心，使人心悦诚服。霸道的作用是外在的、短暂的，而王道的作用是长久的、内在的。所以，以力服人，不如以德服人。武力并不能解决任何问题，要想让别人从心眼里敬你、服你，就得从提高自己的道德修养做起，只有品德高尚的人才能得到别人的拥戴。

然而，很多人习惯用武力解决问题，他们一遇到矛盾或是有人不服，便兵刃相见，直打得一方跪地求饶才肯罢休。可事实证明，这种人根本无法让人从内心真正地顺服，就像《上海传奇》里的那些地头蛇，人们见到他们之所以点头哈腰，完全是出于对他们拳头和刀枪的畏惧，如果有一天他们老了，打不动了，也就没人怕了，甚至也许还会骑到他们头上反打一顿。而里面的男主人公聂进之所以退出江湖还有那么多人追随，则完全是他时时为兄弟着想的义气征服了人心。所以聪明人懂得以德服人，而不是用拳头说话。

诸葛亮在先主刘备死后，辅佐后主刘禅，掌理朝政，并积极准备北伐曹魏。但当时西南少数民族兴起大规模叛乱，对蜀国构成很大威胁，其中以孟获为首的队伍危害最大。诸葛亮决定先收服孟获。

当时，孟获盘踞在西南一带，那里山势险峻，易守难攻，而且蛮人体格健壮，骁勇善战，强攻不行，只能智取。

诸葛亮在讨伐之前，向全军将士下令："孟获只可生擒，不得伤害。"

于是，激战之后，孟获被带到诸葛亮面前，诸葛亮令人为其松绑，带着孟获绕军营一圈，让孟获仔细察看了一番，然后问道："你觉得我这个阵势如何？"

孟获不服："先前是因为我不晓得你有这种阵势，所以才会输给你，如果我早知道，肯定不会输。"

诸葛亮笑了笑，命人放了孟获，就这样捉了放，放了捉，等到孟获第七次被捉时，诸葛亮命人再放了他，孟获却不肯走了，他向诸葛亮发誓："你真是用兵如神，我再也不会背叛你了。"

俗话说得好："收人要先收心。"试想，如果诸葛亮以力来收服孟获，孟获怎么可能会从内心顺服呢？真正的征服不需要武力的胁迫，而是出于对品德和智慧的信服。

卡尔是一位卖砖的商人，由于另一位对手的竞争而使他陷入困难之中。对方在他的经销区域内定期走访建筑师与承包商，告诉他们：卡尔的公司不可靠，他的砖块不好，生意也面临即将停业的境地。卡尔并不认为对手会严重伤害到他的生意，但是这件麻烦事使他心中生出无名之火，真想"用一块砖头敲碎那人肥胖的脑袋"作为发泄。

一个星期天早晨，卡尔去听一位牧师讲道，主题是：要施恩给那些故意跟你为难的人。卡尔把每一个字都记了下来。卡尔告诉牧师，就在上个星期五，他的竞争者使他失去了一份25万块砖的订单。但是，牧师却教他要以德服人、化敌为友，而且他举了很多例子来证明自己的理论。

当天下午，当卡尔在安排第二周的日程表时，发现住在弗吉尼亚州的一位顾客正为新盖的一间办公大楼要一批砖。可是，他所指定的砖不是卡尔他们公司所能制造供应的那种型号，而是与卡尔的竞争对手出售的产品很相似。同时卡尔也确信那位满嘴胡言的竞争者完全不知道有这个机会。

卡尔感到为难：如果遵从牧师的忠告，他应该告诉对手这项生意，并且祝他好运。但是，如果按照自己的本意，他但愿对手永远也得不到这笔生意。卡尔内心挣扎了很长一段时间，牧师的忠告一直回响在他的耳边。最后，也许是因为很想证实牧师是错的，卡尔拿起电话拨到那个对手的家里。

接电话的人正是对手本人，当时他拿着电话，难堪得一句话也说不出来。卡尔还是礼貌直接地告诉他有关弗吉尼亚州的那笔生意。结果，那个对手很感激卡尔。卡尔又答应打电话给那位住在弗吉尼亚州的承包商，并且推荐由对手来承揽这笔订单。

后来，卡尔得到了一个非常惊人的结果。对手不但停止了散布有关他的谎言的行为，而且还把自己无法处理的一些生意转给卡尔做。现在，除了他们之间的误会已经获得澄清以外，两人还成了很好的朋友。

如果当时卡尔真的把一块砖敲在了对手的头上，那他只能得到两种结果：要么对手再反砸他一砖；要么就是卡尔被关进监牢。总之，想用暴力来解决问题，非但不能解决，甚至还要付出高昂的代价。所以要想别人从内心真正地敬自己、服自己，就要收起自己的拳头，好好地修炼自己的德行。当你宽宏大量，能主动为他人着想，肯关心和帮助别人时，肯定会受人欢迎，受人尊重，因而具有更多成大事的机会、资本以及有使人信服的力量。

无论何时都要记住，拳头或是武力降服的是人身，而不是人心，人心还需用人心来换。以德服人是让人心服口服的根本，它的力量是最大的，也是最持久的。

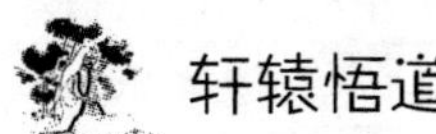

轩辕悟道

以力服人和以德服人的区别在于，一个是“武”极必反，一个是“心”悦诚服。孟子的理论让王者遵循了几千年，到如今依然适用于现代的社会发展和商业竞争之道。心服才是真服，也才有安全感和持久性、和谐性，也只有以德服人才能达到心服的效果，所以，虽说无商不奸，但是还是要坚守以德取胜的原则。

第十四章

做自己生命的主人、灵魂的舵手

没有立场就会有下场

美国历史上唯一蝉联四届的总统富兰克林·罗斯福说：“一个人如果坚持自己的立场，忠于自己的理想，那么他永远也不会成为失败者，即使他不是声名显赫，即使他没有腰缠万贯，他也是值得肯定和尊敬的。”

我们每个人都是自己的生命的主人、灵魂的舵手，如果没有自己的立场，也就没有了衡量对与错的尺度，就很容易走入歧途，让人生在悲哀、失败的下场中落幕。

成嘉是一家出版社的销售主管，手底下有一班做销售的组员。社里规定每个月都要达到一定销售目标的组员才能有提成。因为组员们的基本工资并不高，所以，业绩提成就成了员工们拼搏的主要目标。

成嘉的组里有几个小职员是她比较喜欢、中意的，所以成嘉对他们经常都是照顾有加。工作没有做到位，成嘉只是稍微地提醒一下，今天的任务没有完成，也不让他们把工作利用加班补回来。而对其他组员要求却相对严格得多，业务没有完成不给提成，差了多少都必须立马补回来，平时只要是个人原因都不给批假。

有一次，有一个女职员因为家里小孩病了，她丈夫打电话让她马上到医院。女职员向成嘉请假，可成嘉就是不批，说她老公已经在那里了，已经有人照顾了。结果那位女职员也没管成嘉没有同意就走了。成嘉为这件事非常生气，私底下向人事部说员工不服从她的管理，强行离开公司，以此为理由，解雇了那位员工。

如此日复一日，这样不公平的待遇时有发生。不受她喜爱的组员慢慢地不愿意再在她手下做事，不是辞职就是转调到其他组。成嘉的组员越来越少，业绩也无法达到定额。因此没有多久，成嘉也被公司降职，调往其他部门，不再做主管了。

成嘉这样的毛病其实在很多人身上都发生过。他们对于自己所喜爱的人和事会表现出充分的热情、关心、体谅和宽容。而对于他们自己感觉一般的人和事，往往就显得较为冷淡、严苛，显得不怎么通情理。这样对人的不同态度，就很容易让同事觉得她没有立场，对人对事都是两种标准，不公平、不公正。让上级也觉得这个人做事不够成熟，从而也不对其抱有期望，不会委以她一些重要任务。这样的事情会让一些竞争对手开心，希望那个一展拳脚的人错失晋升的机会，为自己的发展创造空间。

一位智者在这种事情上是绝对不会犯这样的错误的。他们会将自己的私人情感在工作中隐藏起来，公私分明。在工作中，扮演好一个领导、一个员工该扮演的角色，公正地对每一件事情作出处理，就事论事，不会因为人与人的不一样，或因自己的好恶而偏袒徇私，处置不公。而在私底下时，他可以选择与自己喜欢的员工多接触一点，但同时，他也不会忽略其他员工的感受。只有做到这样，他所带领的团队才会同心协力，紧紧地围绕在他的周围，与他并肩作战，一起接受并完成每一次工作上的挑战。

人生只有持之以恒地坚持这些立场，人们才能信任你，才能为我们塑造完美的人格。

那么对于我们来说，该如何坚持自己的立场呢？

（1）考虑到立场与发展的关系。有的人给自己规定的条条框框太多，或者养成了固有的行为习惯，这样就束缚自己的思维，因而失去开拓创新的精神。因此，人们在遵守某些立场的同时，还要随时做出适当的调整，使自己的这些立场时刻能够适合时代的要求，不要让立场束缚和阻碍自己的思想。

（2）把握立场的度。立场要合情合理，还要切实可行，否则太重的压力只能让自己背上思想的包袱，成为前进的阻力。

（3）坚持自己的立场，需要忍让谦和。所谓“忍”就是“事临头，三思为妙；怒上心，一忍最高。”所谓“让”就是“退一步海阔天空，让三分心平气和！”所谓“谦”就是“人有成绩莫自夸，骄胜自大无益多。”所谓“和”就是“世上谁能无有过，莫为小事动干戈。”

（4）坚持自己的立场，要懂得舍得之道。要懂得放弃，有舍才有得，不让自己钻牛角尖，要明白放掉的已经过去，而把握的永远是现在和未来；同时，也要懂得拿得起放得下，不缩手缩脚，不患得患失。

罗曼·罗兰曾经说过这样一句话：“最可怕的敌人，就是没有坚强的信念。”在日常生活当中，这种信念通常表现为一个人做人的立场。不能坚持自己立场的人就像墙上的无根草，随风摇摆不定，甚至找不到自己前进的方向，这样的人必定不能大成。“一个人，即使驾着的是一只脆弱的小舟，但只要舵掌握在他的手中，他就不会任凭波涛的摆布，而有自己的主见。”我们要有自己的立场，要把命运掌握在自己的手里。然后，不遗余力地把自己的特质充分发挥出来，从而获得成功。

轩辕悟道

在生活中，有很多时候不需要我们坚定自己的立场，例如宽宏待人，在小是小非上理解他人，对于某一些个性固执的人我们不要太计较，但很多时候是必须要我们有咬定青山不放松的精神，特别是在大是大非的正邪、对错面前，我们想象那些英雄人物，他们如果不能坚守自己的立场，怎么能够做出那些连生命都不顾的英雄事迹？而我们在日常生活中，如果东倒西歪，随波逐流，不保持自我，不坚定自己的优势，不展现自己的长处，那么与废物何异？

成为自己命运的舵手

我们每个人在踏上人生的旅途后都会遇到各种各样的情况：有的升学就业一帆风顺，家境富裕兴旺，工作称心，屡逢良机，功成名就；有的考学却名落孙山，家境贫寒凄苦，工作索然无味，几经磨难，潦倒终生；有的人先苦后甜，历尽坎坷后结局美满；有的人先甜后苦，受过一次打击就一蹶不振，抱恨而终……

这些各种不同的遭遇，被人们称之为命运，认为是上天给人们事先就安排好的路。于是，人们就对这如浮云般不可捉摸的命运迷惑不解，开始想念那种“生死由命，富贵在天”的天命观，清静无为地听从命运的安排，让人生这一叶扁舟，无桨无舵地置于生活的海洋，任凭命运的风浪将它漂游、颠簸、淹没，甚至给自己贴上“不幸标签”，把自己没能获得快乐、幸福生活的原因归咎于命运……

有一位大公司的经理近来很不顺利，他很苦恼地对朋友说：“我现在的工作情况很不好，我有种很不好的预感，可能我很快就要离开这家公司了。年底马上就要到了，我打听了一下其他部门的销售情况，全公司的销售额都比去年有所增加，只有我的部门的销售业绩没有增加，现在，我的下属们都很懈怠。我已经无能为力，自己都觉得自己是一个快被淹死的人，我也做过一番努力，但都是徒劳，我想，这可能就是命吧，不过我还是不死心，我仍希望会有转机。”

朋友反问他：“只是希望能够吗？那你为什么不继续采取行动去支持你的希望？有两种行动似乎可行。第一，今天下午就想办法将那些销售数字提高。这是必须采取的措施。你的营业额下降一定有原因，把原因找出来。你可能需要一次廉价大清仓，好买进一些新颖的货物，或者重新布置柜台的陈列，你的销售员可能也需要更多的热忱。我并不能准确指出提高营业额的方法，但是总会有方法的。”朋友继续说，“更重要的是，还要让你的下属们都打起精神来。而且，你也不能再像一个快淹死的人，要让你周围的人都知道你还活得好好的，你正在积极地工作，你对工作充满了热情而不是倦怠。”

这时他的眼神流露出略带疑惑的神情，然后又问道：“那么第二项行动是什么呢?”

“为了保险起见，你最好也留意一下其他工作机会。虽然我相信，你在采取积极的改进措施提高销售额后，工作不会保不住。但是先下手为强，骑驴找马，总比失业了再找工作好一些。”

这位经理觉得朋友的话很有道理，便真的按照他的话去做了。一段时间后，他的情况发生了很大的变化，他打电话给朋友报告这个好消息：“我们上次谈过以后，我就努力去改进。我以前都是一周开一次会，现在是每天早上开。我的推销员的工作积极性被我成功地调动起来了，他们又恢复了以往的热情和干劲，大概是看我有心改革，他们也愿意更努力。结果我们这周营业额比去年同期的翻了两番，而且比所有部门的平均业绩也高出许多。还有一个好消息，我按你的话去两个公司面试了，结果都被录用了，我很高兴，但我都回绝了，因为这里的一切又变得十分美好。”

这位部门经理在朋友的指导下，通过自己的努力行动，终于走出了不幸的泥潭，开始了新的信心十足的生活。

人在生命的旅程中，会遇到各式各样的矛盾和问题，有些矛盾的出现有必然性，有些问题的产生源于偶然性。这必然与偶然交错结合的客观因素，加之人的主观努力，改变着事物的运动方向，就形成了人的千变万化的各种遭遇，这就是上面所说的相互不同的命运。正因为命运的千变万化，所以人们对命运才有了不同的理解。有人以为命运是上天注定的，无从改变，其实，在同一个社会环境里，人的命运之所以会表现出极大的不同，主要是由一系列客观条件与主观条件的不同所造成的。换句话说，内因即主观条件是人的命运变化的根据，具有一定的决定性，外因是通过内因而发挥其作用的。由此，无论是人类发展的实践，还是科学理论的分析，最终的研究结论就一句话：个人的命运主要由个人去掌舵，才能走向成功的殿堂。

“我要扼住命运的咽喉，它绝不能使我屈服。”这句气势磅礴的话出自德国的贝多芬，他堪称是有史以来最伟大的作曲家之一。双耳失聪、恋人离去、病魔缠身，这些苦难都先后落在了贝多芬一个人身上。但他成功了，为什么？因为他成为命运的舵手，他是个对自己负责的人。

17 世纪英国著名的思想家、政治家和经验主义哲学家、散文家培根在论人生时说：“不容否认，一些偶然性常常会影响到一个人的命运，例如长相漂亮、机缘凑巧、某人的死亡，以及施展才能的机会等；但另一方面，人之命运也往往是由人自己造成的。正如古代诗人所说：‘每个人都是自身的设计师。’”

当你成为自己命运的舵手，就不会好高骛远，这山看着那山高；就不会仰人鼻息，将自己的命运寄托在别人的恩赐上，就会将心态放平，一步一个脚印地埋头苦干、发愤图强，像鲁迅提议的那样从一木一石做起，干好自己的活儿，走好自己的路，自己拯救自己。

现在就把握好自己的方向，握紧手中的舵吧，对自己的内心大声说一句，我是自己命运的舵手，命运掌握在我自己的手里！然后，积极地去行动！你将发现，自己才是命运的主宰者，只有在自己的掌舵下，你才会抵达理想的彼岸。

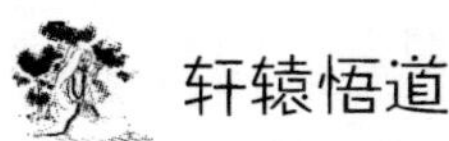

轩辕悟道

对于一个人来说，最坏的事情莫过于总认为自己生来就是不幸之人，认为自己总是得不到幸运女神的垂青。事实上，在我们的思想王国之外，根本就没有什么幸运女神，我们的命运要靠自己去掌舵，才能实现自己的目标理想和人生价值。只有当你成为自己命运的舵手，就会对生活有一个积极的态度，就会对人生的逆境和顺境有一个正确的看法，就会看到事物的变化是相连续的，因为逆境是顺境的准备，顺境是逆境的铺垫，顺境中可能埋伏着逆境的因素，逆境中可能积累着顺境的因素。

六字真言：止、定、静、安、虑、得

我们不能做自己的主人的根由在哪里?

不是我们自己本身缺衣少食，甚至不是我们家庭不圆满，而是被外在的东西所挂碍，从而心不宁、神不定、心不开、意不解。比如，我们活在别人的脸色和外在的价值判断之中，别人说你行就开心，别人说你不行就沮丧；在社会等级序列中攀到高阶就自命不凡，沉沦下僚便怀疑自己百无一用；赚了大钱便昂首阔步，亏了生意便羞于见人。我们装修房子，不是为了自己住，而是为给别人看；甚至买一架子书，不是为了给自己看，而是让别人感觉自己是有学问的人。所以，大家所做的一切，都是在取悦外在，心为外境所转。于是，为形所役、为物所牵、为欲所囿，我们的快乐，我们的痛苦，我们自己完全做不了主。

究其根源，问题出在我们的“心”。《八大人觉经》云：“世间无常，国土危脆；四大苦空，五阴无我；生灭变异，虚伪无主；心是恶源，形为罪薮。”“心是恶源”，其是之谓也。我们一颗心颠倒妄想，“贪”“嗔”

“痴”三毒具足，是烦恼人生、不能成为自己主人的总根源。

因此，我们要学会用对治的方法、用美好的东西来丰富、完善、提升我们的心灵，要学会倾听、体味来自心灵的跫音，要努力去感悟、印证、拥抱我们心里本具的自性真我、良知良能。这个对治的方法、美好的东西就是六字真言：止、定、静、安、虑、得。

《礼记·大学》上说：知止而后有定，定而后能静，静而后能安，安而后能虑，虑而后能得。知道应达到的境界才能够志向坚定，志向坚定才能够镇静不燥；镇静不燥才能够内心安稳；内心安稳才能够思虑周详；思虑周详才能够有所收获。

人生的一切追求都得从“止”这个字开始。

1. 知止而后能定

人只有知止了，才能定，才能安，才能虑，才能得。止为源头，止不下来，一切都没有基础。不止，是一种无果人生；不止，是一种虚幻人生；不止，是一种失败人生！

止虽只一字，却是对这个时代寻求真正快乐和自由的前提和基石。你吃饭不知饭味，吃肉不知肉味，交友不知友味，工作不知工作味，你虽然经历了，但那只是你的眼经历了、口经历了、手经历了、身子经历了，而你最重要的部位——心灵，却从来没有经历过，因为它不在当下，它没有感受。一个不去用心感受的人，他们又怎么会爱上自己手头的工作呢？怎么会爱上与他们正在沟通的人，相视的陌生人呢？怎么会讲出发自内心的话呢？又怎么会活在当下的无限喜悦之中呢？

因此，要想成为自己的主人，取得成就，就得先止下来，只有止下来了，才能安定。

定，一是心定，二是身定，三是神定。若只有身定，而心神不定，那么，你是痛苦的，烦恼总在你左右。这世上，有人身在曹营心在汉，有人朝秦暮楚，有人六神无主，到处都游动着身心分裂的人。正如一个漂亮的女子若没有嫁人之前是很难安定的，因为追求的人太多太多，只有选定了一男人，那么，她才算安定下来，否则永远在情感的纠缠之中。

定后才能与万物有关。不止不定，世界与你全无关系。世界是一个角度的世界，你如果不切下一个角度，你永远只是一个旁观者，世上的一切均与你毫无关系。相反，你止于一个点，止于一件事，那么，立即就有一系列的人事物与你有关，而且是大有关系。比如你开始写小说，那么，你与全球小说家都是一家人，你与诗人、歌唱家都是邻居。而且出版社也会想尽办法与你们这些人联系。整个社会发生的事件，也会立即与你的小说有关系。

你不定，别人也不太会与你接近，因为你有太多的变数，尤其是那些游动的人。别人与你合作，也是先看看你的公司定在哪里，有多少人定在你的那里，而且还会看你定得有多深。

生活中，那些目光游移不定的人，那些愁容满面、凶险邪恶的人，那些一年四季找工作和一年搬三次家的人，都是还没有定下来的人。

2. 定而后能静

不定下来，你的心永远在奔走；不定下来，你就总会充满着担忧与等待。一旦定下来，你就坦然了，你就安定了，平静下来了。这时，你才能在喧嚣的尘世中，安静地反省自己，做到内观其心，外观其表；才能不断地明确自己所追求的目标，不至于因为世俗的诱惑，偏离目标太远。

3. 静而后能安

静，让人摒除了思想上的杂念，获得仁爱之心，使心灵回归到安的状态，亦即宁静轻安的心境。它会使身体经脉的气血，十分流畅而舒适。让身心由于“静”的获得，而处于宁静轻安的状态中。

4. 安而后能虑

孔子说：“仁者静。”静对于人能产生良好的思虑，有极厚重的精神基础。因此，在“静而后能安”的基础上，才会自然地产生“安而后能虑”的主观能动性。在身心修炼到宁静轻安的心理状态下，才会产生良好的思虑状态。人在烦乱中是不可能有清晰的思考与决策的，只有止下来，只有安定下来，这才能为所止的事业而正式谋划。心不安定的人，不可能看清事物的本质；心不安定的人，考虑的问题必然肤浅；心不安定的人，做事必然做得很毛躁。千万富翁和穷人的不同，在于思维方式的不同，最基础的思维不同就是心安定的程度不同，因此，其思想考虑的力量也不同，自然收获就大不一样了。一个“虑”字乃含有过滤、筛选的意思，还有极精极细的意思。在这种状态下，会很自然地顺延出“虑而后能得”的结果。

5. 虑而后能得

思路决定出路，脑袋决定口袋。你有怎样的脑袋，你就会有怎样的命运和人生。有人说我也考虑问题，而且可能比那些成功者，比功成名就的人考虑得还要多，但为何还不成功呢？这很正常，虽然都有考虑，但考虑的心理基础不同，一个是安定后的思路，一个是烦乱的思路，这个基点不同，那么，自然会结果就大不相同。

六字真言：止、定、静、安、虑、得，既是我们修身养性、追求道德完善的心理修养法则，也是我们在日常事务和一切社会重大问题上所必须遵循的重要思考求证法则。可以说，它是人们成为自己的主人、求取大智慧、修养人格完善、做事圆满正确、修养心灵至善的客观法则。只有修养好止、定、静、安、虑、得这六字真言，才能让心地空明澄澈，得到灵性；让心灵得到舒张，得到自由；让我们有足够的能量使自己的人生具足、圆满、丰盈、广大。

轩辕悟道

为了生活忙忙碌碌的我们有时候需要停止，需要安定下来，需要静心地思考，需要考虑很多的问题然后才能前行，做到这些，把握好这些，我们才能在艰难而劳累的人生路上走得轻松，而且收获丰厚，这是智慧者的修养之道，也是享受人生和必不可少的成功之道。

第十五章

天下兴亡，匹夫有责；天下兴亡，我来负责

责任就是机遇

现实中，几乎所有的企业在招聘员工时，都会写上“要有责任心”这一条件，由此可见勇于负责对于工作的重要性。在公司这个大家庭里，虽然每个人的职位不尽相同，但每个人都有着自己的责任，也都应该担负起自己的责任。在工作中责任感强、承担的责任多，一方面体现了你出色的能力，另一方面你也会因此得到更多的资源财富，如薪水、奖金，还有职位的提升等。任何一个团队的领导都喜欢负责任的成员、信任负责任的成员，会给予负责任的成员更多机遇和使命。

假如一个人不想承担责任，一遇到困难和阻碍就逃避，最终的结果只能是放弃工作，要么靠着祖辈的福荫，做个衣来伸手、饭来张口的“纨绔子弟”，要么就是让自己的生活永远陷入捉襟见肘、困顿不堪的穷苦境地。因为一个规避责任的人不但解决不了工作中的实际问题，自身的能力也无法获得提升，这样又怎能得到更好的发展机会！

1888 年的美国大选中，银行家莫尔当选为副总统，在他执政期间，声誉卓著。当时，《纽约时报》有一位记者偶然得知这位副总统曾经是一名小布匹商人，感到十分奇怪：从一个小布匹商人到副总统，为什么会发展得这么快？带着这些疑问，他访问了莫尔。

莫尔说：“我做布匹生意时也很成功。可是，有一天我读了一本书，书中有句话深深打动了我。这句话是这样写的：‘我们在人生的道路上，如果敢于向高难度的工作挑战，便能够突破自己的人生局面。’这句话使我怦然心动，我不由自主地想起前不久有位朋友邀请我共同接手一家濒临破产的银行。因为金融业秩序混乱，自己又是一个外行，再加上家人的极力反对，我当时便断然拒绝了朋友的邀请。但是，在读到这一句话后，我感觉内心沸腾了起来，犹豫了一下，便决定给朋友打一个电话，就这样，我走入了金融业。经过一番学习和了解，我和朋友一起从艰难中开始，渐渐干得有声有色，渡过了经济萧条时期，让银行走上了坦途，并不断壮大。之后，我又向政坛挑战，成为副总统，到达了人生辉煌的顶端。”

海明威说，人生就是一场战斗。在懦夫的眼里，做什么事情都有困难，你要勇敢接受任务的挑战，做一个在职场上冲锋陷阵的勇士。只有不断挑战自己，承担更大的责任，你才会认识到自己有多么的强大，并从中获得成就感；你也才能改变自己的命运，收获美丽“薪情”，向你的事业巅峰迈进。

湖南省娄底市双峰县永丰供电所所长胡永钦是全国供电系统“农电优质服务先进人物”“国家电网公司的特级劳模”。这是他主动做事情、揽责任换来的成就和荣誉。

胡永钦在1983年通过公开招聘进入蛇形山农电站当了一名农电工。当时，整个中国农电事业正处于初步发展阶段，人手少，资料、设施不齐，并且收电费一直都是手工开票，统计烦琐，工作量大，而且非常容易出错。管理手段落后是所有从事农电工作的人所要面对的现实。胡永钦决心以自己的能力来改变这个现实。为此，他买来很多有关电力知识的书籍，白天工作，晚上自学，并且琢磨着能不能开发应用软件，可以自动统计电费，还可以打印报表。

1988年，在经济非常窘困的情况下，他自费到长沙大学学习电子、电脑知识。20世纪90年代初，电脑还非常稀缺，懂电脑的人更是凤毛麟角，胡永钦又花掉了结婚时的礼金，举债4000元，购买了一台旧电脑，开始钻研。经过长期的钻研，胡永钦的第一个成果“电量电费管理系统”开发成功了。这套软件方便而且不容易出错，规范了电费开票工作。随后，他又开发出“工资核算管理系统”“农电财务核算软件”，把财务人员从复杂的财务核算工作中解放出来。

1999 年，他又相继开发出“银电联网收费系统”和“供电所综合管理软件”。2000 年，他又配合农村电网改造工程开发了“农网改造预（决）算软件”。2002 年，他又研发出“配电运行远程监控系统”。

现在胡永钦已经是全国供电系统的模范，实现了自己的人生理想。

事实上，卓越人士之所以能获得成功，得到大家的青睐，与他们勇于肩负责任是分不开的。正是因为责任心强，他们才会不断磨砺自身生存的利器，不断力争上游，才能把握和创造出各种机遇，使自己脱颖而出。

客观地说，规避责任是人的一种本能，也可以说是人的一种劣根性。不用肩负着责任，还能轻轻松松地领取薪水，这是多么快意的事情啊，就像滥竽充数的南郭先生未被发现的那段时期一样。但是，这样的好事情绝对不会长久，不愿意承担责任的人，早晚要被扫地出门，即使侥幸没有被赶走，也会因为长期的不敢承担责任，长期得不到锻炼而使自己的能力退化，进而被淘汰出局。只有那些工作中积极主动负责的人，才能让机遇时时伴随在自己身边。

就像一位哲学家曾说的那样：“不论你手边有任何工作，都要尽心尽力地去做。这样，你每天才会取得一定的进步，责任心越强，你就越能抓住眼前的机遇。”

责任就是机遇，承担责任也是在把握机遇，相反，推卸责任也是在抛弃机遇。所以，不管你是要升职，要加薪，要有所成就，要获得成功，要拥有幸福，都必须以高度的责任心肩负起你的责任。只有这样你才会得到你想要的一切。

轩辕悟道

常常看到有人苦于没有好机遇施展自己的才能。其实，机遇就在每个人的身边，有些人能够把握它而一跃成为成功者，有的人却屡屡与机遇擦肩而过，碌碌无为终其一生。究其原因，是由于后者并没有真正地意识到，责任就是机遇，承担责任也是在把握机会，推卸责任也是在抛弃机会。

企业兴亡，我的责任

“天下兴亡，匹夫有责。”这是清朝著名思想家顾炎武的一句名言。意思是说，国家的兴盛或衰亡，每个普通人都有一份不可推卸的责任。在今天，进入职场的我们也要大声喊出，“企业兴亡，我的责任”。一个企业的兴亡，绝不仅仅是公司的管理者的责任，而是每一个职员的共同责任，只有我们每一个人把公司兴亡都看成是自己必须肩负的责任，心中时刻牢记“企业兴亡，我的责任”，才能提高我们的责任意识，才能解决我们在工作中遇到的种种问题。

在职场上，不少人认为自己只是在给老板打工，这只是一种交易。我付出自己的劳力，老板付给我相应的报酬，老板给我多少钱，我就干多少活儿，企业的发展状况完全与我无关。这种思想的产生是缺乏个人责任心的体现，而缺乏个人责任心就是企业一切问题背后的关键原因。个人责任感的缺失会直接削弱整个团队的合作能力。反之，一个有责任心的人在工作中遇到问题的时候不会怨天尤人，而是问自己还能为公司做些什么。企业就是一个大家庭，每一个职员都是这个家庭中的一员。当我们每一个职员都来关爱这个家，都为这个家负起责任，这个家庭才会兴旺发达。所以，你负责与否，完全可以在不同程度上影响整个企业的发展状况。

乔治是主管过磅称重的小职员，到这家钢铁公司工作还不到一个月，就发现很多的矿石并没有完全充分地冶炼，一些矿石中还残留有没有被冶炼好的铁。

于是，他找到了负责这项工作的工人，跟他说明了问题，这位工人说："如果技术有了问题，工程师一定会跟我说，现在还没有哪一位工程师跟我说明这个问题，说明现在没有问题。"

乔治又找到了负责技术的工程师，对工程师说明了他看到的问题。工程师很自信地说我们的技术是世界一流的，怎么可能会有这样的问题。工程师并没有把乔治所说的看成一个很大的问题，还暗自想：一个刚刚毕业的大学生能明白多少，不会是因为想博得别人的好感而表现自己吧。

但是乔治认为这是个很大的问题，于是拿着没有冶炼好的矿石找到了公司负责技术的总工程师，他说："先生，我认为这是一块没有冶炼好的矿石，你认为呢？"

总工程师看了一眼，说："没错，年轻人你说得对。哪里来的矿石？"

乔治说："我们公司的。"

"怎么会，我们公司的技术是一流的，怎么可能会有这样的问题？"总工程师很诧异。

"工程师也这么说，但事实确实如此。"乔治坚持道。

"看来是出问题了。怎么没有人向我反映？"总工程师有些发火了。

总工程师召集负责技术的工程师来到车间，果然发现了一些冶炼并不充分的矿石。经过检查发现，原来是监测机器的某个零部件出现了问题，才导致了冶炼的不充分。

公司的总经理知道了这件事后，不但奖励了乔治，而且还晋升乔治为负责技术监督的工程师。总经理不无感慨地说："我们公司并不缺少工程师，但缺少的是负责任的工程师，这么多工程师就没有一个人发现问题，并且有人提出了问题，他们还不以为然。对于一个企业来讲，人才是重要的，但认真负责的人才更重要。”

乔治能获得工作之后的第一步成功，就是来自于他具有主人翁精神，处处为公司的利益着想。

每个人都有自己的梦想，每个企业都有自己的目标。企业购买职员的劳动力价值，就是为了要其帮助自己成功地实现目标和梦想。职员同样有自己的梦想，要实现自己的梦想，也需要借助企业的平台和老板的帮助，老板与职员相处的最好结果就是双赢。“站在对方的立场上思考问题”是生意场和职场上十分重要的定律。当我们帮助老板和公司实现他们的目标和梦想时，我们也一定能实现自己的梦想。

那么，作为一名职员该怎样做才叫肩负好自己的责任呢?

1. 做好本职工作

当工作出现问题时，我们一定要从自身找原因，绝不能怨天尤人或者推诿、扯皮。其次，必须从工作中的细节开始。树立“勿以善小而不为，勿以恶小而为之”的敬业观念，在日常工作中，要像爱护自己的家一样爱护公司。对于工作，每个职员每天都要尽职尽责地完成，渐渐地养成习惯。当责任感成为一种习惯，也就成了一个人的生活态度，我们也就会自然而然地担负起责任，而不是刻意地去做，这样，你不仅能为公司发展作出很有力的贡献，还会让自己觉得轻松愉快。

2. 注意自身的行为规范

每个职员的行为是整体职员队伍素质的具体表现，一支高素质的队伍，在各个方面的表现都应该是很优秀的，如遵守劳动纪律、严格执行操作规程、服装整洁统一、车辆停放整齐、语言文明高雅、文化素质高、文明礼让等，公司的目标是努力推进队伍朝这样的方向发展。这样的目标需

要各位职员共同努力才能实现，因此，只要每位职员都能把自己的行为做到规范，经常检点自己，一支高素质队伍就产生了。

3. 全面关注公司的发展现状，及时积极地提出各种见解

“金无足赤，人无完人。”这句格言大家都知道，一家公司也是一样，不管规模的大小，效益的好坏，在发展的过程中，总是存在着这样或那样的问题，阻碍着公司的发展。这些暴露在基层的问题如果得不到很好的反馈，就会使公司的决策层在工作过程中存在盲目性、片面性，长此以往，公司会受到很大挫折。因此，需要职员们都能将自己看到的、听到的一些存在的问题，向公司的领导反映出来。

不管什么样的问题，只要你想关心公司的发展，你就可以通过各种形式向公司的领导把问题反映出来。面谈、短信、书信等方式都可以，这可能是很简单的一些做法，或者是你的举手之劳而已，但正是你的举手之劳帮助公司改变了一些不合理的地方，正是你的举手之劳证明了你是一名优秀的职员。

“企业兴亡，我的责任”，掌握企业命运的，不仅仅是董事长，不仅仅是董事会成员，每一个职员都有责任。一个企业，如果每个人都能够做到“企业兴亡，我的责任”，这样的企业想不成功都难。因此，只要是有益于企业的事情，我们都应该全力以赴地去做。如果我们每一个人都能多努力一点点，多一点责任心，我们就一定会做得更好，企业就一定会更加兴旺发达，我们自己也能增进实力，得到长足的发展。

轩辕悟道

一个没有责任心的人，会缺乏社会与他人对自己的基本认可，因而失去自己的信誉与尊严，也可能与很多属于你的机遇擦肩而过，空留遗憾。但因为有了责任心，有了敢于担当的素养，我们在为社会和企业创造价值的同时，也为自己争取到了更多的机遇，自己的职业道路自然会变得越来越顺畅。

负责任的人是成熟的人

责任心是一种勇气，这样的人勇敢而值得信赖，只有懦夫才会临阵脱逃、畏缩不前、逃避责任；责任心是一种胸怀，这样的人有着博大的胸襟、包容的品质，而斤斤计较、患得患失的人往往习惯于推卸责任；责任心代表着成熟，这样的人所得到的往往比付出更多，这种回报的果便是责任心种下的因，相反，推卸一时的责任，却往往招致后悔莫及的损失。

只要有了对人对事负责的态度，那么即使我们没有具备那么多的外在条件，我们也能逐渐地走向成功，缩短和成功者的距离。在这个不断对自己所做的事情负责的过程中，我们也在不断地充实自己，使自己越来越成熟。

一个曾经让无数人激动不已的故事是这样的：

1968年一个漆黑、凉爽的夜晚，地点是墨西哥城，坦桑尼亚的奥运马拉松选手艾克瓦里吃力地跑进了奥运体育场，他是最后一名抵达终点的选手。

这场比赛的优胜者早就领了奖杯，庆祝胜利的典礼也早就已经结束，因此艾克瓦里一个人孤零零地抵达体育场时，整个体育场几乎已经空无一人。艾克瓦里的双腿沾满血污，绑着绷带，他努力地绕完体育场一圈后跑到终点。在体育场的一个角落里，享誉国际的纪录片制作人格林斯潘远远看着这一切，在好奇心的驱使下，格林斯潘走了过去，问艾克瓦里为什么这么吃力地跑至终点。

这位来自坦桑尼亚的年轻人轻声地回答说：“我的国家从两万多千米

之外送我来这里，不是叫我在这场比赛中起跑的，而是派我来完成这场比赛的。”

马拉松赛跑，起点只不过是一个开头，许多人可以完成出色的起跑，却不一定能坚持到终点。中途放弃的人是对长跑过程不负责的，这样的选手是不可能取得最终的胜利的。责任心是没有时间段的，如果仅仅对起点负责，而丝毫不管其过程，那么这样的“伪”责任心也是收获不到胜利果实的。

在生活和工作中，去肩负责任就像参加一场马拉松比赛，目标不是参与，不是浅尝辄止，而是到达终点完成任务。如果没有责任心，任其自由进展，对其不管不问，这种工作态度是极其恶劣的，所造成的不良后果也是难以预测的。

不管做任何事情，要么不做，要做就尽全力负责到底，哪怕吃苦也好，困难重重也罢，都要咬紧牙关坚持下去。就像艾克瓦里一样，即使满身伤痕也要完成比赛。这样，虽然输了这次比赛，但是在人格上、在潜能上却赢得很漂亮，值得被人们尊敬和效仿，而且，也为自己以后长久的胜利增进了重要的力量。

那些成功者之所以能笑到最后，往往不是因为他们有着漂亮的开头，而是他们负责任地走到了最后，这就是责任心。

扪心自问，我们每一天都在向往成功，想象事业有成时的辉煌情景，但令人遗憾的是，却很少有人能在最基本的工作中，做到真正的负责任。

在这方面，英国人的两封信也为我们树立了榜样：

2002 年的一天，位于武汉市中心的景明大楼的业主收到了一封来自英国某设计所的挂号信，信中写道：“景明大楼为本建筑设计事务所设计，设计的安全年限为 80 年，现已超期服役，敬请业主注意。”

2005年的一天，广州市市政部门也收到50多年前提供建造广州海珠桥钢材的英国企业的一封来信。信中说："修建海珠桥的钢材已经有100年的历史，接近使用寿命，建议进行检测，并根据测试结果进行加固。"

原来，海珠桥是1950年由广州市政府着手重建的，所使用的钢材是从当时英国的一座旧钢桥上拆卸下来的，所以就其寿命计算，估计快有100年了。

这两封非常有意思的陌生来信，体现了他们强烈的责任心。100年前，这两家英国机构参与了这两个建筑的建设，过了将近一个世纪，他们依然为此事负责，这就是真正的负责任。

责任是不分大小的，多一分责任心，可以为一个团队挽回数以万计的损失；一丁点儿的不负责，却可以使一个百万富翁很快倾家荡产。

在工作中出了差错，把责任推给同事，这是不成熟的表现。在工作中，几乎每个人做错了事，都会寻找借口推脱，或是在接到任务时，寻找无数个理由来证明"那件工作不适合我干"，总是态度消极、牢骚满腹，这样的人，无疑也是不成熟的人。如果你总是无法承担责任，你在别人眼里的价值只会越来越低，自己的实力也会越来越薄弱。

责任不是我们应该逃避的东西，如果我们不想让自己庸碌一生、遗憾一生，如果我们想让自己充实一生、幸福一生，那就拥抱责任吧！告诉自己："从今天开始，我要对自己的一切、对未来负起全部的责任。"只有这样，你才能拥有一些全新的品质和能力，这些品质和能力会帮助你在成熟的思维中，步步为赢，成就未来！

轩辕悟道

纵观历史上的优秀人物，成功者并不是如大家所想象的那样拥有着与众不同的智力，或者不平凡的经历，而是他们拥有一种成熟的态度去看待他们所从事的事业，用一种成熟的思维去认识成功。把他们的成功经验归结为一条简单易懂的道理，那就是负起责任——对自己，对工作，对社会都要有责任心，这是一个人成熟的标志。因为一个成熟的人在别人眼里才真正有价值，而且可以信服。

第十六章

大道无形，大师无声，大商无术

雪地脚印，小直大直

有一对父子在雪地里行走，雪很深，父子俩走得很疲倦，这时前方出现了一棵大树。

父亲看着儿子说：孩子，看到那棵大树了吗？我与你一起从这儿走到那棵大树，看谁走得直，好不好？

儿子欣然答应。儿子一心想战胜父亲，他低着头，看着自己的脚，谨慎地一次一次迈出脚步，脚尖抵着脚跟，走得好像很直。就这样，儿子在雪地上缓慢地移动着。

儿子终于走到了那棵树下。这时他才惊奇地发现，父亲早已在那儿微笑着等他了。

儿子转过身去，吃惊地发现，自己身后的脚印弯弯曲曲的，一点也不直；再看看父亲留下的脚印，笔直地连接着起点和终点。

儿子弄不明白这是为什么。父亲迈步走时，一直抬着头，看着目标；而他自己始终低着头，看的是自己的脚尖，结果，反而不仅走得慢，还走歪了。这让他百思不得其解。

这个故事告诉人们这样一个哲理：如果不眼观全局，只注重眼前一小步的成功，反而会招致失败。但是，如果将目光放长远，大的方向清晰、明确，不放弃追求的目标，迈开坚定的大步朝前走，不太计较一路上的得失与对错，那么最终总会到达成功的彼岸。

一个是宏观，一个是微观；一个是小曲大直，一个是小直大曲；一个是小直，一个是大直。小直是局部的直，大直是全局的直；小直的目光看到的是眼前的东西，大直的眼光看到的是长远的未来。简简单单的故事，折射出深远的内涵：成功者之所以能够成功，是因为他们不沉溺于眼前利益，而是着眼未来，从而创造更为耀眼的辉煌。他们在做每一件事情的时候，坚韧不拔，只要坚定了方向，便毫不退缩，持之以恒。

有记者采访比尔·盖茨："比尔先生，为什么您能成为世界首富？"比尔·盖茨回答："我之所以能成为世界首富，有三大秘诀，第一就是带着望远镜看世界。""带着望远镜看世界"是什么意思呢？就是人要有超前的目光，看到未来的发展趋势。

我们常听老人说，下棋要想三步。其实，只想三步还不够。为什么呢？因为能成为象棋或围棋高手的，绝不仅仅就是老人们所说的"想三步"。他们深知，"想三步"这种雕虫小技人人都会，真正的高手，就是要比对手多想几步。也就是说，能比对手多想的棋手，才是棋坛取胜的关键，没有这种长远目光，就不要指望在棋坛上所向披靡。

汤姆和杰克几乎同时受雇于一家超级市场。开始时大家都一样，从最底层干起。可不久汤姆受到总经理的青睐，一再被提升，从领班一路升到部门经理。杰克却像被人遗忘了一般，还在最底层。终于有一天杰克忍无可忍，向总经理提出辞呈，并痛斥总经理用人不公平。总经理耐心地听着，他了解这个小伙子，工作肯用功也很卖力，但似乎缺少点什么。缺什么呢？

他忽然有了个主意。"杰克先生，"总经理说，"请你马上到集市上去，看看今天有卖什么的？"杰克很快从集市上回来，说刚才集市上只有一个农民拉了一车土豆在卖。"一车大约有多少袋？"总经理问。杰克又跑去，回来说有10袋。"价格多少？"杰克再次跑到集市上。总经理望着跑得气喘吁吁的杰克，说："请休息一会儿吧，你看看汤姆是怎么做的。"

说完，总经理叫来汤姆，对他说："汤姆先生，请你马上到集市上去，看看今天有卖什么的？"汤姆很快从集市上回来了，汇报说到现在为止只有一个农民在卖土豆，有10袋，价格适中，质量很好，他还带回几个让经理看。这个农民过一会儿还将弄几筐西红柿上市，据他看价格还算公道，可以进一些货。这种价格的西红柿总经理可能会要，所以他不仅带回了几个西红柿做样品，而且把那个农民也带来了，他现在正在外面等着回话呢。

汤姆之所以能在工作上取得成功，正是由于比杰克看得更远。看得远，才能走得远；走得远，才能做得远。在现实生活中，具有一定的远见卓识，将给我们带来极大的价值。

远见是一切成功者的必备素质，也是保证发展的一种先决条件，它要求人要将个体与群体、情感与理智、经验与理论、形象与抽象、科学与常识、静态与动态、横向与纵向、单向与全方面、系统与辩证等多个方面结合起来进行综合性的思考。简而言之，远见卓识来自你所具备的较高思想意识水平，来自你善于分析和综合来自各个方面的信息，能够周全而准确地作出判断和决定，进而制订出整体计划的能力。

远见要求人既要从大局出发，突出重点，又要兼顾其他各个方面的考虑；不仅要看到眼前的实际情况，而且还要以一种变化的观点去思考和探讨情势的变化，具有辩证的眼光，然后对自己所要从事的工作做出一个周密而详细的计划，再付诸实践。这样才能从根本上把握住事物的关键，使自己立于不败之地。

因此，要想成功地做出一番事业，就不能只看眼前，而要把目光放长远些，做任何事情都放眼全局，立足未来。当你具备了这样高瞻远瞩的远见，你才能够长久地处于领先的位置，从一个成功迈向另一个成功。

轩辕悟道

小曲大直，小直大曲。在这个充满混沌与诡谲的世界里，要想选择正确的道路，我们的眼光和智慧就必须具备穿透力。短视者只能迎接失败，即使他们曾经拥有过很优越的条件，但他们往往被眼前的利益所迷惑，在透支享受今天的同时，忘记或忽略了给明天播种，最后只能被明天抛弃。但是要想具有这种远见的穿透力和正确的判断力，我们首先得提高自己的自身素养，还要多学习社会知识和精湛的专业技能。

大道无形，大机至隐

顾名思义，“大道无形，大机至隐”指的是真正永恒的道理、法则都不是显露在表象上的，真正巨大的机会都是隐藏至深的，它往往就在危机的背后、在挫折的背后绽放出最美丽的风景。

现实生活中，很多人都认为危机就是最大的问题，是最恐怖的陷阱。其实，“危机”一直都包含着两个方面的内容：危险和机遇。只是我们经常习惯性地看到了危险而忽视了机遇，危险与机遇总是如影随形，在危机到来时，如果你能积极的转化，顷刻间就能使之变成难得的良机，关键看我们是否善于发现并捕捉，能不能做到愈挫愈勇。

南宋绍兴十年（1140 年）7 月的一天，杭州城最繁华的街市发生了一场意外的火灾。火势蔓延非常迅猛，数以万计的房屋商铺置于汪洋火海之中，转瞬之间就化为乌有。

在众多商贩中，有一位姓裴的富商，苦心经营了大半生的几间当铺和珠宝店，也恰在那条闹市中。水火无情，火势越来越猛，他眼睁睁看着大半辈子的心血即将毁于一旦。

面对这样突如其来的灾祸，这位富商并没有让伙计和奴仆们冲进火海，舍命去抢救珠宝财物，而是冷静镇定地指挥他们迅速撤离，一副任由天命的神态，令众人大惑不解。

乡里乡亲一边暗自叹服富商临危不乱的品性，一边也为他捏了把汗：这场大火的损失几乎让富商倾家荡产，对于年过半百的他来说，的确算是很大的“中年危机”；他是否能承受，是否能东山再起呢？

而富商并不像人们想象得那样捶胸顿足，他表现得不动声色，亲自派人从长江沿岸平价购回大量木材、毛竹、砖瓦、石灰等建筑用材。当这些看似废物的材料像小山一样堆起来的时候，此刻的他又归于沉寂，整天只是品茶饮酒，逍遥自在，好像这次大火根本与他毫无关系。

这场大火烧了数十日之后被扑灭了。过后，那个曾经车水马龙的杭州城，大半个城已是墙倒房塌、一片狼藉。为了更好地进行重建，不几日朝廷颁旨：凡经营销售建筑用材者一律免税。

听到这样的消息，杭州城内一时大兴土木，建筑用材供不应求，价格陡涨。姓裴的这位商人趁机抛售“寄存”的那些建材，这一次获利是巨大的，数额远远大于被火灾焚毁的财产。这财富在富商的眼中，来得是那么理所应当。

这是一个久远的故事，然而蕴涵其中的经营智慧却是亘古不变的：“大道无形，大机至隐”，大契机总是隐藏在表面的危机中，只要你积极面对，它就能召唤出你的巨大潜能，积极探索、创新，从危机中挖掘出隐藏的良机，开拓崭新的局面，收获意想不到的惊喜。

有个业务员费尽周折才得以进入一家极具影响力的公司，他看准董事长进电梯的机会，快步走上前去推销自己的产品，一脸疲倦的董事长对他摆了摆手，表示对业务员的产品没有任何兴趣。

业务员没有离开，他找到董事长的办公室，请求秘书把自己的名片交给董事长。尽管秘书很为难，但禁不住业务员的一再恳求，同意帮忙递名片。

不出意外，董事长不耐烦地把名片丢了出去。

门外的业务员只好礼貌地说："没关系，我可以下次再来，请董事长留下我的名片。"秘书又硬着头皮把名片递进去，董事长感到非常不耐烦，他顺手把名片撕成了两半，丢到垃圾桶里，又从口袋里掏出了五元钱，轻蔑地说："5元钱买他1张名片，叫他走！"

秘书把5元钱交给业务员，很婉转地转达了董事长的话，业务员反倒是没有任何受挫的表情，随即又拿出一张名片，诚恳地对秘书说："我的名片2元5角钱1张，5元钱可以买两张，所以我还欠董事长一张名片。麻烦交给他。"

没多久，办公室传出一阵笑声。接着，董事长满面笑容地走了出来，热情地把业务员请了进去。

这位业务员就是凭借自己善于在挫折中、在失败的危机中寻找良机，而让自己一举成为了远近闻名的"销售大王"。

其实，在追求成功的道路上，我们每个人都在扮演着业务员的角色。随时有可能被冷眼相对，随时有可能被成功拒之门外。于是，很多人往往踌躇不前，失去了战胜挫折、转化危机的勇气，于是"没有机会"成为了这些失败者的推诿之辞。其实，危机并不可怕，可怕的是危机之后屈服于现实，失去了东山再起的力量和勇气，也就失去了创新思维的胆识和另辟蹊径的机会。

最危险的时候，往往会产生最大的机遇。危机发生了，成功人士似乎更懂得在无秩序中冷静思考，从容应对；在他人尚处在组织混乱、头脑困惑的状况中时，敢于尝试，勇于创新，抓住成就自己一番事业的契机。

"大道无形，大机至隐"，因此，当自己遇上了危机这只"纸老虎"时，不可陷入焦虑、痛心、怨天尤人的情绪中，更不可颓丧、绝望，坐以待毙；需要的是沉着应付，振作精神，对所面临的危机细加观察和分析，积极让危机转化为良机、让挫折转化为成就，才能力挽狂澜，建立起轰轰烈烈的丰功伟绩。

轩辕悟道

拉梅奈说："不懂得苦难的裨益的人，并未过着聪明而真实的生活。"我们总是很容易看到苦难和危机，却很难从中有所领悟。同样是危机和挫折，有的人看不到其背后隐藏的机会，狼狈地败退下来。有的人却毫不气馁，因此成就了自己的一番事业。在许多成功人士的传记中，我们都会看到，危机是成功人士的盟友，因为看似"没有机会"反而可能是最大的机会。

大智若愚，厚积薄发显智慧

所谓大智若愚，意思是拥有大智慧的人往往都表现得很愚钝。它实际上包含着一种厚积薄发的策略，是一种含而不露的大智慧。

在生活当中，大智若愚的表现是掩饰自己的聪明，做人低调，从来不向人夸耀自己、抬高自己，做人原则是厚积薄发、宁静致远，注重自身修为、层次和素质的提高，对于很多事情持大度、开放的态度，有着海纳百川的境界和心态，从来不会有太多的抱怨，能够真心地踏实做事，对于很多事情要求不高，只求自己能够不断得到积累。

很多时候，伴随大智若愚而来的，还有大器晚成，毕竟大智若愚要求的是不断积累自己，就像玉坯不断加工打磨一样，多年的积累所铸就的往往是绝代珍品。大玉石出世的时候由于体积太大而需要精雕细琢，而不像小玉一样几下子就可以雕琢出来，马上能够拿到市场卖个好价钱，因而大器晚成之后往往都是无价之宝。

林峰毕业那年，就业形势已经严峻到连大学生都很难找到合适的工作的程度。在投了几十份求职信后，好不容易有一家公司有了回应，可是当林峰兴冲冲地去面试的时候，却发现已经有40多人揣着本科、研究生学历和各种证书聚集在这家大公司门前，竞争异常激烈。

闯过了初试和面试，林峰进入了最后一轮考核：在人力资源部实习3天。部长留给了林峰一个任务，将公司去年的部分文件整理归类并在电脑里建档保存。然而，就在林峰忙碌了一天之后，下班前传来了坏消息，总公司紧急通知暂停招聘新员工。“这不是耍我们吗！”参加实习的其他学生纷纷跑到部长办公室表示不满。

直到下班前，焦头烂额的部长才送走了最后一个愤愤不平的学生，回到办公室，却发现林峰还在成堆的文件里忙碌着。部长很客气地说：“真不好意思，白让你忙活了一天。没办法，这是总公司临时的决定……下班了，快回家吧，你明天就不用来了。”林峰站起身来，说：“没什么，只是这些文件我都整理了一半了，如果换成别人又要从头开始。活儿没干完心里不舒服，我明天再来，一个上午就足够了。”同学们都说林峰傻，与其给人家白白出力，倒不如抓紧时间找别的工作。林峰只是微微一笑，第二天中午离开的时候，留下的是一排排装订好的文件夹和一间整洁的档案室。

不久之后，求职屡屡碰壁而只能在小店打零工的林峰接到了一个电话，是那位部长打来的，说现在公司有职位邀请他前去应聘。原来，部长在向公司经理汇报招聘情况的时候，特别提到了林峰的表现。经理对这个“最傻的求职者”印象很深，指示部长留下了他的联系方式。当公司完成调整，重新招聘员工的时候，部长第一个电话就打给了林峰。就这样，在同学羡慕的目光里，他重新迈入了这家公司的大门。

愚并非真愚，大智若愚、厚积薄发，给人的印象是：虚怀若谷，宽容敦厚，不露锋芒，甚至有点木讷。其实在“若愚”背后，隐含的是真正的大智慧大聪明。大智若愚、厚积薄发，这是兵家的计谋，也是处世的方略。

人生之路是极其漫长坎坷的，总会遇到险阻和不得势的时候，这个时候需要的不是自怨自艾，也不是停滞不前，更不是坐等机会出现，而是首先应该保存自己的实力，然后积极为克服险阻和抓住即将出现的机会做准备。

轩辕悟道

在生活当中，我们把一些人称为大智若愚：他们做人低调，注重自身修养，处事宽厚，有着海纳百川的境界和心态，不会有太多的抱怨，能够踏实做事，对于很多事情要求不高，知足常乐，只求自己能够不断得到积累。其实这是一种厚积薄发、宁静致远的生活方式。如果我们能够做到这些，那么幸运和成功也许会在不经意间纷沓而至。

第十七章

兵无常胜，水无常形，能因敌变化而取胜者，谓之神

舍弃执着，学会变通

不少专家学者、企业的成功人士以及他们的创业经历都在告诉我们，要想成功就要有执着的精神！没错，事业的成功离不开这种持之以恒、坚持不懈的执着精神。但是不加辨别地一味地执着，不免流于冥顽不灵，其结果只能是失败。

固执的人有一个共同的特点，那就是虽然并不愚钝，却缺乏民主作风、一意孤行，常常陷入某一个绝对没有好处的事情中不能自拔。任凭别人怎么劝说，他们总是执迷不悟，甚至还要找出许多幼稚的理由来欺骗自己，直到有一天，当他受尽折磨，终于解脱的时候，才幡然醒悟，追悔莫及。

有一个渔夫，是出海打鱼的好手。可他却有一个不好的习惯，就是爱立誓言，即使誓言不符合实际情况，而他仍是坚持，八头牛都拉不回来。

这年春天，渔夫听说市面上的墨鱼价格最高，于是便立下誓言：这次出海只捕墨鱼。但这一次鱼汛所遇到的全是螃蟹，他只能空手而归。回到岸上后，他才得知在市面上螃蟹的价格最高。渔夫因此后悔不已，于是发誓下一次出海一定只打螃蟹。

第二天出海，他把注意力全放到螃蟹上，可这一次遇到的却全是墨鱼。不用说，他又只能空手而归了。晚上，渔夫抱着饥饿难忍的肚皮，躺在床上十分懊悔。于是，他又发誓，下次出海，无论是遇到螃蟹，还是遇到墨鱼，他都要捕捞。

第三次出海后，渔夫严格按照自己的誓言去捕捞，可这一次墨鱼和螃蟹他都没有见到，见到的只是一些马鲛鱼。于是，渔夫再一次空手而归。

渔夫没有赶得上第四次出海，便在自己的誓言中饥寒交迫地死去了。

渔夫被饿死不是因为他立的誓言高不可及，而是他在誓言不符合现实的情况下仍不能舍弃执着、学会变通，这种“撞了南墙也不回头”的顽固不化才是他饿死的根源。

生活在当今变化多端的社会，一个人要想成功，就需要具有最灵活、最敏捷的变通能力，审时度势，纵观全局，于千头万绪中找出关键所在，权衡利弊，及时作出可行、有效的决断。而这也就要求你适时舍弃执着，吸收各方面的信息，灵活变通。否则结果只能是独自啜饮失败的苦水。

两个贫苦的樵夫靠上山捡柴养家糊口，有一天他们在山里发现两大包棉花，棉花价格高过柴薪数倍，将这两包棉花卖掉，足以供家人一个月的衣食。当下两人各自背了一包棉花赶路回家。

走着走着，其中一个看到山路上扔着一大捆布，走近细看，竟是上等的细麻布，足足有十多匹之多。他欣喜之余，和同伴商议要一同放下背负的棉花，改背麻布回家。

他的同伴却不同意，认为自己已经背着棉花走了一大段路，到了这里要丢下棉花，岂不枉费自己之前的辛苦，坚持不愿换麻布。发现麻布的樵夫只得一个人尽力背起麻布，继续前进。

又走了一段路后，背麻布的樵夫望见林中闪闪发光，走近一看，地上竟然散落着数坛黄金，心想这下真的发大财了，赶紧邀同伴放下肩头的麻布及棉花，改用挑柴的扁担挑黄金。

他同伴仍然不愿丢下棉花，以免枉费辛苦，并且疑心那些黄金不是真的，劝他不要白费力气，免得到头来一场空欢喜。

发现黄金的樵夫只好自己挑两坛黄金，和背棉花的伙伴赶路回家。走到山下时突然下了一场大雨，两人被淋了个湿透。更不幸的是，背棉花的樵夫背着的大包棉花吸饱了雨水，无法再背得动。那樵夫不得已，只能丢下一路辛苦舍不得放弃的棉花，两手空空地和挑金的同伴回家了。

成功学说："没有做不到的事，只有不会变通的人。"在外界条件相差无几的时候，只有适时舍弃执着、学会变通才能为自己不断赢得胜算。

生活中，那些能够取得成功的人都是信念坚定但都会适时舍弃执着、善于变通之人。愚直的人固执持守，不撞南墙不回头，甚至撞了南墙也不回头；而智者却善于急转弯，多想一步，巧思一分，世界立刻别有洞天。我们要生存，要发展，就不能因循守旧、故步自封、一成不变，只有寻求变通，才能赢定未来。

要变通，就要改变思路、找对方法。找对方法才能做对事，方法对，事半功倍；方法不对，事倍功半。而要减少和杜绝无用功，首先要做对，然后再做好。

哲学家说："我们不能改变过去，但是可以改变现在；我们不能改变环境，但是我们能够改变我们自己。"变则通，不变则不通，要想取得成功，就要像那些成功人士一样，在困难前面，灵活变通，你就会在方法之外寻找到新的好方法，在失败之中收获意想不到的成功。

轩辕悟道

要变通，就要舍弃执着，打破禁锢自己的思维方式，培养自己的思维创新。善于变通之人，首先是能够善于寻求新思维，打破常规，力求创新制胜的人。我们不要局限在前人的经验里，要尊重权威而不迷信权威，要敢于怀疑、敢于提问、敢于钻研、敢于实践。只有这样，才能在今天复杂变幻的社会形势中，失之东隅时，得之桑榆；舍弃执着，迎来柳暗花明。

以微笑面对陌生环境

微笑是世界上最美丽的表情。微笑不用言语，不用动作，在熟悉的环境中笑得坦诚，在陌生的环境中则笑得从容；微笑就像一片永远灿如桃花的生命阳光，一朵永远娇艳欲滴的青春花朵，给予生命无穷能源，让人保持一种最佳的生命状态；微笑，还是一种武器，是同一切苦难一切邪恶进行战斗的盾甲和刀枪，代表着勇敢的宣言！

在我们身边，常常看到这样的情形：一个人在公司工作久了，凡事都比较熟悉，因此工作起来能够得心应手，心情也轻松；可是一旦换到另一个公司，面对陌生的环境，就很不适应，很不习惯。这时他往往会陷入消极情绪，苦闷不已。

生活中，谁也不会在一个环境里待一辈子，不熟悉的陌生环境是每个人都要面对的，如果消极逃避不但不能解决问题，还会给自己制造更多遗憾或失望。而当你以微笑来面对一切陌生环境时，却可以最大程度地减少对陌生的恐惧感，让自己以一种自信、平和的心态来处理和解决问题。

我上大学时，有一位学西班牙语的同学，毕业之后，他到外交部找了一份工作。在参加工作的前几个月里，他每天都对自己的工作充满着热情，希望自己有一天能够有机会被外派到西班牙，去到中国外交事业的最前线工作，去领略那迷人的欧洲风情，地中海畔的阳光，热情奔放的西班牙文化……终于有一天，机会来了，他被调到中国驻西班牙大使馆的文化处工作。

期待已久的梦想终于实现了，这位同学满怀兴奋地去了西班牙。可刚到西班牙的第一个星期，这位同学就傻眼了：除非是外派公干，平时他几乎没有机会独自走出大使馆；而且西班牙人的作息时间也让他受不了——中午12点到下午3点钟的时间段他们从来不工作，虽然在去西班牙之前他就已经听说过西班牙人的这个习惯，可他还是有些不适应，他每天板着脸工作、生活，与同事关系也很疏离。

就这样，在刚去西班牙的几个月时间里，他苦闷极了，只要一有机会，他就会打电话、跟国内的同学写信，尽量让自己沉浸在国内的气氛当中……

直到有一天，这位同学看见一本《微笑的力量》，他深有触动，从那以后，他开始有意识地进行积极心态的调整。有空的时候，他开始学着静下心来写些感想性的文章；利用大使馆的工作条件，他也会在闲暇时间不断深入了解西班牙文化，以随笔的形式做了一些记录；他还会抓紧一切机会跟同事们建立友谊……大约半年之后，他就感觉自己已经完全适应了新的工作，他的文化随笔开始在国内的一些媒体上引起关注，而随着对西班牙文化的深入了解，他在工作上也感觉越来越得心应手……

在面对陌生的环境，如果把自己伪装起来，给对方一张严肃的面孔，那么你会发现，你在工作中的障碍会越来越多，很多工作甚至根本就无法展开。如果你是领导者，你的下级也会对你下意识地抵触，你交代的工作不会有人能马上去完成，而是先静观其变。你和同事的关系就有了无形的隔阂，互相之间有了提防，自己不快乐、团队不团结、工作积极性提不起来、工作效率也上不去，内心被难言的苦闷缠绕，精神就会备感煎熬。长此以往，不仅对身心健康都是一种大大的损伤，连带着工作、生活的各个方面都会受到消极的影响。

但是，如果你用微笑去面对陌生环境，却能够受益多多。

林克身为犹太裔心理学家，“二战”期间被关进纳粹集中营，遭遇极其悲惨。他的父母、妻子和兄弟均死于纳粹的魔掌，唯一的亲人只剩下一个妹妹。他本人更是受到严刑拷打，朝不保夕。

有一天，他赤身独处于囚室，忽然之间顿悟，产生了一种全新的感受——日后命名为“人类终极的自由”。当时他只知道这种自由是纳粹德国永远也无法剥夺的。从客观环境上来看，他完全受制于人，但自我意识却是独立的，超脱于肉体束缚之外。他可以自行决定外界的刺激对本身的影响程度。在刺激与反应之间，他发现自己还有选择如何反应的自由与能力。

他在脑海里设想各式各样的情况。譬如，获释后将如何站在讲台上，把在这一段痛苦折磨中学得的宝贵教训，传授给自己的学生。凭着想象与记忆，他不断锻炼自己的意志，直到心灵的自由终于超越了纳粹的禁锢。他的这种超越也感染了其他的囚犯，甚至狱卒。他协助狱友在苦难中找到意义，寻回自尊。

处在最恶劣的环境中，林克运用难得的自我意识，发掘了人性中最可贵的一面，那就是人有“选择的自由”。这种自由来自人类特有的四种天赋。除了自我意识，我们有“良知”，能明辨是非和善恶；还有“想象力”，能超出现实之外；更有“独立意志”，能够不受外力影响，自行其是。

林克在狱中发现的人性准则，正是我们发展全面自我，拥有幸福人生的首要准则——自由意志。自由意志的含义不仅在于采取行动，还代表人必须为自己的行为负责。个人行动取决于人本身，而不是外在环境。理智可以战胜情感，当人微笑着面对种种意想不到的环境，人可以有信心、有勇气、有能力创造有利的外部环境。

身处所有环境都是这样，想美好的事情，你就会找到快乐，走向成功；想失意的事情，你就会走向失望的深渊，无力面对生活，无力面对困难。因此，任何时候，都不要放弃培养自我的心灵自由，用微笑面对环境，将自我的心灵引向积极美好的一面。始终在内心积聚力量，等待时机，最终，你一定会为自己赢来更理想的外在环境。

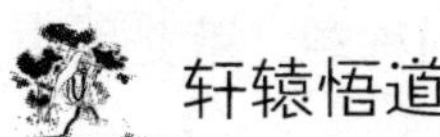

轩辕悟道

微笑，能帮你的大脑接收积极信号，振奋身心，舒畅心情，鼓舞心灵，增强自信，帮助你保持积极心态，和睦人际关系，解压力为轻松，化烦恼为欢畅，变痛苦为愉快，换尴尬为融洽，你的工作会因此变得顺利起来，你和同事的感情也会得以增进。因此，无论身处任何陌生环境，都要将自我引向积极和美好的一面。

创新，唯一的不变就是变化

现代社会是一个急剧变革的社会，我们生活的这个世界正处在日新月异的变化中，唯一不变的就是变化，环境、企业、市场、消费者无不如此，可以说变化是永恒的主题。身处这个变化的世界，如果我们不去适应变化，一定会被淘汰，所以，我们要积极破旧立新，唯有不断创新，我们才能获得成功的契机。

人类心理活动的普遍现象是，长期习惯于按“一定之规”考虑问题，懒于进行创新思考。创新是人类社会进步的客观要求。古往今来，人类的一切智慧成果无不体现着变化的力量：科技因变化而进步，社会因变化而美好，成功亦需要这种变化的支撑。

发明大王爱迪生原来是一个默默无闻的穷小子，当他靠卖报纸维持生计时，没有谁知道他，也没有谁去关心他。但是，当他发明了电灯泡后，名望与财富闪电一般落到他的身上来了。如今，全世界没有一个角落里不挂着他发明的电灯泡，更没有一个人不敬仰这位给人类带来光明、驱走黑暗的伟人。他之所以能够一鸣惊人，其原因就是他制造了一种人家从来也没有制造过的日用品。

蒸汽机发明家瓦特之所以能够名垂千古，受到世人的称颂，就是因为他偶然地注意到了许多人都看到过但却没有在意过的茶壶上的水蒸气。

发现地心引力的牛顿的成名更是简单得很，他不过因为看见树上落下了一个苹果，而对此略微思索了一下罢了。

马克思之所以能够让自己的大名轰动全球，使整个人类史上一添异彩，就因为他创立了一种别人从未创立过的社会主义学说。

林肯之所以能够成为美国第一伟人，是因为他发动了一番人道上的伟业——解放黑奴运动。这是以前历届总统都未曾做过的。

一位荷兰的镜片制造商汉斯·李伯斯，因为童心未泯，有天他突发奇想，左右手各拿一只镜片，然后从双眼透视过去。结果呢？他发明了望远镜。

瑞士工程师乔治·德梅斯特拉有一天到树林散步，回到家时发现裤子上沾了许多小刺果，他觉得很好奇，就用显微镜观察，看到刺果的芒刺上有小“钩”，会钩住布料纤维上的环。于是他利用这种原理研制人造的“钩环扣”，而发明了尼龙绒扣。现在，这种发明已普遍地使用在球鞋、袋子、衣服和日常用品上。

另有一位名叫汤姆斯·亚当的美国摄影师，因工作上的需要，而积极寻求橡胶的取代品：他跟厂商要了一块树胶来做实验，那树胶是从中南美洲的某种树上摘下来的。有一天，当汤姆斯·亚当工作感到很“乏味”时，就把这块树胶放到嘴里去嚼，发觉味道很不错。经过数次改良后，他成功地发明了口香糖，成为巨富。

历史已经证明，在日新月异的社会发展中，如果总是抱残守缺就意味着失败，只有不断采用新方法、新技术，不断地有新发明、新创造，不断地产生新成果，事业才能兴旺发达。

就像阿里巴巴的当家人马云曾说：“唯一不变的是我们的变化。我们在不断的变化中求生存，不断的变化中求发展。如果发现公司没有变化，公司一定有压力。所以说我希望告诉每一个人，看看你自己成长，成长带来变化……如果你觉得昨天赢的东西你今天还要希望这样赢，很难了。一定要创新，变化中才能出创新，所以我们要在变化中求生存。”

面对一个瞬息万变的产业，不能应变者，不善创新者只有走向失败。无论在世界还是在中国，网站存活的概率只有1%，阿里巴巴有幸成为这1%，正是得益于马云的不断创新。

在英国的威斯特教堂的一块墓碑上，刻着一段非常著名的话：“当我年轻的时候，我的想象力从没受到过限制，我梦想改变这个世界。当我成熟以后，我发现不能够改变这个世界，我将目光缩短了些，决定改变我的国家。当我进入暮年时，我发现我不能够改变我的国家，我的最后愿望仅是改变一下我的家庭，但是，这也不可能了。当我现在躺在床上，行将就木时，我突然意识到：如果一开始，我仅仅去改变自己，然后，作为一个榜样，我可以改变我的家庭，在家人的帮助和鼓励下，我可能为国家做一些事情，然后，谁知道呢？我甚至可能改变世界。”

尽管我们没有无与伦比的神力和法力，但是，我们有无限无穷的潜能。只要我们不懈努力，勇于创新，善于思考和运用，那么就没有什么我们不能改变的。

那么，我们如何培养自己的创新力呢？下面的六戒六要可以帮助你引爆创新能量：

1. 六戒

（1）戒只相信过去成功的经验。

（2）戒套用别人成功的模式。

（3）戒沿用昨天的逻辑模式做事。

（4）戒惯性思维左右自己。

（5）戒安于现状，不敢挑战权威。

（6）戒对新鲜事物总持全盘否定态度。

2. 六要

（1）要冲破习惯、经验或常规的束缚，寻根追究，找出改进的途径。

（2）要透过现象看本质，全面地看待事物，才能正确地了解情况，准确地收集信息，给发挥创新创造条件。

（3）要积极思考解决问题。不要安于人的惰性，不要回避思考，更不要本能地抵制各种变化。

（4）要保持好奇心。对事物抱有一种新鲜感，哪怕是细枝末节的小问题，也不放过，尽量多知道一些东西。古往今来的无数事实表明，只有那些具有孩童般好奇心的人，如饥似渴地追求新知的人，才可能做出发明创造。

（5）要活用书本知识。一定不要拘泥于书本知识，更重要的是锻炼自己灵活运用所学的知识来解决实际问题的能力。

（6）要每天提示自己：要积极创新！通过这种心理暗示，将创新需求植入潜意识，使潜意识的力量推动创新观念的深化、掌握和运用。

具有无限潜能的我们，不能眼睁睁地看着因为思维的局限而让成功渐行渐远，我们必须学会跳出思维的框架，果断抛弃那些束缚思维的条条框框！

轩辕悟道

这个充满竞争的世界对于只知道墨守成规的人来说，到处都是难以跨越的鸿沟，处处都有无法突破的阻力。因为他们墨守成规，不能积极创新，就难以在激烈的角逐中胜出。当你善于思考、巧于创新时，你一定能在这个社会中有良好的立足之地，开创出人生的新天地。

第十八章

付出才会杰出，不计回报的付出会带给你意想不到的惊喜

一分耕耘，一分收获

华人首富李嘉诚说：“我认为勤奋是个人成功的要素，所谓‘一分耕耘，一分收获’，一个人所获得的报酬和成果，与他所付出的努力有极大的关系。运气只是一个小因素，个人的努力才是创造事业的最基本条件。”

在人类的心灵中，有着一架分毫不差的天平，它是劳动者唯一的法门。只有付出了血和汗，才能得到它的洗礼。生活中从来就没有一劳永逸的宝座等你坐稳，也没有百日香艳的花朵可供你欣赏，更没有堆积如山的金银财宝等你铺张浪费。只有专心致志地博学好问，才能采摘自己想要的喜悦；只有脚踏实地地干好每一天的每一件事情，才能取得自己所要的东西。

菲尔德是著名的企业家。16岁那年，他离开家乡来到纽约一家干货交易店做一名店员。菲尔德在遵守时间方面毫厘不差，细微之处做得无可挑剔，并且对店里的工作兢兢业业，所以他很快就得到店主的信任。这样的一个孩子用不了多久一定会被提升。

“我总是很注意，”菲尔德先生在他的自传里写道，“一定要在顾客到达之前赶到店里，在顾客离开之前从不提前下班。我的想法就是要使自己成为一个再好没有的推销员。我尽量从各个部门学习一切有价值的东西，我完全懂得：将来的一切都将取决于我自己今日的努力。”

“莫道君行早，更有早行人。”辛勤耕耘是一种美德，更是一种远见卓识。一个人若只想着不劳而获，那么他注定与成功无缘。不管是任何人，要想有所成就，就必须要具备辛勤耕耘的态度。成功的甘美果实只有在辛勤的耕耘下、在勤勉的浇灌中才能收获。

华罗庚家境贫穷，决心努力学习。上中学时，在一次数学课上，老师给同学们出了一道著名的难题，华罗庚正确地回答出来，使老师惊喜不已，并得到老师的表扬。从此，他喜欢上了数学。华罗庚上完初中一年级后，因家境贫困而失学了，只好替父母站柜台，但他仍然坚持自学数学。经过自己不懈的努力，终于成为我国杰出数学家。

中国“两弹一星”元勋钱三强说：“古今中外，凡成就事业，对人类有作为的无一不是脚踏实地、艰苦攀登的结果。”每一个成功者的成才，天赋虽然也不失为原因，但更重要的是取决于自己是否勤奋。那些自认为天赋极高而忽略辛勤耕耘的重要性的人，其结果往往是将大好前途毁于一旦，葬送了自己的一生。王安石笔下的方仲永就是迷信天赋的牺牲品，我们应该引以为戒。

西汉有个叫匡衡的孩子。他小时候很想读书，可是因为家里穷，没钱上学。后来，他跟一个亲戚学认字，才有了看书的能力。

匡衡买不起书，只好借书来读。那个时候，书是非常贵重的，有书的人不肯轻易借给别人。匡衡就在农耕的时节，给有钱的人家打短工，不要工钱，只求人家借书给他看。

过了几年，匡衡长大了，成了家里的主要劳动力。他一天到晚在地里干活，只有中午歇晌的时候，才有工夫看一点儿书，所以一卷书常常要十天半月才能够读完。匡衡很着急，心里想：白天种庄稼，没有时间看书，我可以多利用晚上的一些时间来看书。可是匡衡家里很穷，买不起点灯的油，怎么办呢？

有一天晚上，匡衡躺在床上背白天读过的书。背着背着，突然看到东边的墙壁上透过来一线亮光。他霍地站起来，走到墙壁边一看，啊！原来从壁缝里透过来的是邻居的灯光。于是，匡衡想了一个办法：他拿了一把小刀，把墙缝挖大了一些。这样，透过来的光亮就大了，他凑近透进来的灯光读起书来。

匡衡就是这样刻苦地学习，后来成了一个很有学问的人。

缺乏辛勤耕耘的精神，哪怕是天资奇佳的雄鹰也只能空振双翅；具备辛勤耕耘的精神，哪怕是行动迟缓的蜗牛也能雄踞塔顶，观千山暮雪，渺万里层云。一切伟大的人物之所以取得卓越的成就与他们的辛勤耕耘都是分不开的。

在生活中，常常有人认为自己付出的多，得到的少，也有人抱怨自己的努力付诸东流了，因而热情不再，结果前功尽弃。这归根到底是一个心态问题，是没有正确地对待收获，也是急功近利的表现。

无论是工作、生活，还是爱情，首先要考虑自己的心态是否端正，自己的目标定位是否切合实际，付出的程度是否达到了，付出的方法是否得当，并适时地调整自己，才能获得比较满意的回报。要以平常心去看收获，也许付出是漫长的，收获是遥遥无期的；也许付出是巨大的，收获是微不足道的，但是在更大的付出后面同样有着更大的收获。

英国哲学家约翰·密尔说："生活中有一条颠扑不破的真理，不管是最伟大的道德家还是最普通的老百姓，都要遵循这一准则，无论世事如何变化，也要坚持这一信念。它就是在充分考虑到自身能力和外部条件的前提下，进行各种尝试，找到最适合自己的工作，然后集中精力、勤勉踏实，一步一个脚印地做下去。"

春种秋收，这是自然界的发展规律，也是做事、成就事业的一个规律。凡事只想享受，不知耕耘，不经过艰苦的奋斗，必将成为成就大业的绊脚石。

轩辕悟道

天道酬勤，辛勤耕耘是我们生活继续下去的重要信念，也是我们诠释生命的最优途径，更是我们人生中积累精神和物质财富的关键。当我们领悟了耕耘的技巧、达到了自己的要求，就能坦然地对待付出，平静地对待收获，就能从耕耘中寻找乐趣，从回报中获得满足，实现自己一系列的目标、人生规划和远大理想。

无私的付出是淡泊明志的过程

从前有一个富裕的农场主，他拥有一个全镇最漂亮的花园。虽然农场主很富有，却很吝啬自私。他丝毫不愿意和别人分享喜悦。为了自己独享这一切，他把花园的围墙建得很高很高，高到鸟儿几乎都飞不进去。

一天，农场主要去远方旅行，为了让别人没有机会窥探他的花园，他用一把大锁紧紧锁住了美丽的花园。

孩子们对农场主美丽的花园向往已久，趁着农场主去旅行，他们在墙上掏了一个小洞，每天钻进花园玩耍。因为有了孩子们，花儿开得更艳，鸟儿唱得更欢，花园天天都充满了欢声笑语。

可是好景不长，农场主回来了。进了家门，他一眼就看见在花园中戏耍的孩子们。

“你们在这儿干什么？”他粗声粗气地对孩子们吼叫起来，孩子们都被吓跑了。

“我的花园就是我自己的花园！”农场主说，“我不准任何人来这里玩。”于是，他沿着花园又筑起一堵高高的围墙，还挂出一块告示：闲人莫入，违者重罚。

从此，可怜的孩子们没有了玩耍的地方，他们只得来到马路上，但是街道上满是尘土和硬硬的石块，让他们扫兴极了。

春天又来了，整个镇子处处开放着小花，处处有小鸟在欢唱。然而，自私的农场主的花园却依旧是一片寒冬景象。

“我真弄不懂春天为什么迟迟不来?”农场主坐在窗前望着外面冰天雪地的花园说。然而春天再也没有出现，夏天也不见踪影。秋天把金色的硕果送给了千家万户的花园，却什么也没给农场主的花园。就这样，农场主的花园里终年是寒冬，只有北风、冰雹和雪花在园中的林间上蹿下跳。

一天清晨，农场主忽然听到阵阵美妙的音乐。原来，窗外唱歌的不过是一只小红雀，只因农场主好长时间没听到鸟儿在花园中歌唱，此刻感到它的歌声妙不可言。这时，花园里的雪花已不再狂舞，北风也停止了呼啸，缕缕芳香透过敞开的窗廓扑面而来。“我苦候的春天终于来到了!”农场主说着，从床上跳起来，朝窗外望去。

农场主看见了一幕动人的景象：孩子们再次钻过墙上的小洞进了花园，正坐在树枝上谈笑。迎来了孩子的树木欣喜若狂，用鲜花把自己打扮一新，还挥动树枝轻轻抚摸孩子们的头。鸟儿们在树梢翩翩起舞，兴奋地欢唱着，花朵也纷纷从草地里伸出头来露着笑脸。

此情此景深深地感化了农场主的心。“我真是太自私了!”他说，“现在我明白为什么春天不肯到我这儿来了，我的自私，原来只是一种徒劳，我只想独享美丽的一切，但因为我的自私美丽也离我而去了，我要把这美好的一切与大家分享，让我的花园永远成为大家的乐园!”他为自己过去的所作所为感到羞愧，于是走下楼拿起大锤，把那堵使他远离快乐的高墙拆掉了。孩子们欢呼起来，春天靠近了。

诸葛亮在《诫子书》里说过：“夫君子之行，静以修身，俭以养德，非淡泊无以明志，非宁静无以致远。”淡泊明志，是豁达的处世态度，是明悟的思想境界；是做人的重要智慧，也是伟大成就的重要根基。

在这个浮躁的时代，这个物欲横流的时代，处处面临着太多的诱惑、太多的欲望、太多的压力，从而生出太多的烦恼、太多的痛苦。而一位能够摒弃自私自利心理、无私付出的人，会因内心的善良、情操的高尚、处世的豁达得以拥有一种淡泊明志的胸怀。

因为无私付出，所以少了争斗，多了内省；因为无私付出，所以少了愚昧，多了智慧；因为无私付出，所以少了趋名逐利，多了清心寡欲……无私付出的过程，让人保持了一种宁静自然的心态，从而活得轻松自在，达到淡泊明志的美好境界。

石门是古代进入广州的必经之地，那里有一泓泉水叫“贪泉”。据说，凡是喝过“贪泉”水的人，都会变得贪婪。因此，经过石门的官吏，没有一个敢喝的，即使非常口渴也竭力忍着，以保证自己的清廉。

有个叫吴隐之的人要到广州做官，从“贪泉”路过，听随从说起有这么一回事，便去看看。他看见所谓的“贪泉”实际上只是普普通通的山泉，就蹲下捧着泉水畅饮。随从见状大惊失色，赶紧上前阻拦：“这是贪泉，千万不能喝啊！”吴隐之哈哈大笑，说：“什么贪泉不贪泉的，我就不信这个邪。贪婪的人不喝也会贪，清廉的人就算喝了也能保持清正廉洁。”随后还赋诗一首以表达自己廉政的决心：“古人云此水，一歃怀千金；试使夷齐饮，终当不易心。”这首诗的意思是：人们传说喝了“贪泉”的水便会贪得无厌，欲壑难填；但我认为，如果让品德高洁的伯夷、叔齐喝了它，一定不会改变廉洁之心的。

吴隐之在广州任职期间，把所得俸禄、赏赐，除了留够自己吃的一份粮食外，其他都分散赈济亲戚朋友与老百姓。吴隐之的清廉节俭、率先垂范，不仅使属下官员们不敢贪赃枉法，而且使广州民风日趋淳朴，百姓安居乐业。

吴隐之的笑谈“贪泉”和洁身自好，表现出他清廉正直的高尚品质。反观现代社会中的一些人，虽然也会自励“淡泊明志，宁静致远”，但是却会为了谋到一官半职，不去增进自己的实力，而是费尽心思地找关系，托门路，其结果却往往事与愿违；还有的人为了发财，不是靠自己的智慧去拼搏，而是走旁门左道，违法乱纪，坑人害己，落得锒铛入狱的下场；还有的人放着自己已拥有的东西不珍惜，而把目光盯向那些不属于自己的东西。归根结底，问题都出在内心的自私自利上，由于不能真正做到无私付出，而使自己的视野和心胸狭隘，使自己的身心健康受到损害，使自己的未来之路渐渐狭窄。

世间有许多诱惑：桂冠、权贵……但那些都是身外之物，生不带来，死不带去。我们想要活得潇洒自在，要想过得幸福快乐，就应该意识到：如果我们能无私付出，我们就能因心灵之真、之善、之美而摒弃浅薄和贪婪，就能直面人生的风风雨雨，就能拥有淡泊明志的大境界。

轩辕悟道

无私付出的人不仅是着眼现在，更是放眼未来；不仅能醒对此生，还能笑迎永恒，使我们生命的意义和价值获得厚重丰美的光辉。我们要有无私付出的精神，更是因为我们在生活中也经常会需要别人的无私付出，所以无私付出是高境界人生必修养的一种善良素质。

有目标的付出才能达成愿望

大家知道，乘飞机出发，一定要有明确的飞行目标，不然，飞机无法起飞；盖楼，要有个目标，知道盖个什么样的楼，然后才好开工；办公司，也要有明确的目标，办个什么样的公司，多大规模，经营什么产品，什么样的经营方式，赢利水平如何，何时回本，都要设计安排好。目标是实现愿望的前提，有目标的付出才能达成愿望。没有目标，不可能发生任何事情，也不可能采取任何步骤。一个没有目标的人，一生都只能在人生的旅途上迷茫，永远到不了任何地方。

然而，在现实生活中，每100个人里，大约只有两三个人清楚自己一生要的是什么，能有目标的去付出。这些人都是各行各业的佼佼者——没有虚度此生的成功者，而这些人和那些庸庸碌碌的人比起来，机会却一样多。

请看事实，据美国劳工部统计：

每100个美国人当中，只有3个人能在65岁时，可以获得经济上某种程度的无忧无虑。

每100个65岁（或以上）的美国人当中，就有97个人必须依靠他们每个月的社会保险金才能生存。

每100个从事高薪职业，例如律师、医生等的美国人当中，只有5个人活到65岁时，不必依赖社会保险金。

如此多的人无法达到他们的理想，其原因在于：他们从来就没有真正定下生活的目标。

所以，拿破仑·希尔说："你必须知道自己的一生想要追求什么，下定决心得到它。一心一意地专注于你的目标，才能确保成功。思考并且规划你想要追求的目标，完全不去理会其他干扰。这就是所有成功人士所遵循的公式。"

有这样一个真实的故事：

王莲香是某军工厂的一名普通职工，多年来一直在与蓄电池打交道。她看到，铅酸蓄电池是一种对环境有着巨大危害的产品，不仅污染环境，而且有害人的健康。于是，她便萌发了改造蓄电池、消除铅酸污染的想法。

然而要解决世界化学界全力攻关都未见成效的难题，对于既无投资，又无场地，还缺乏专业知识的王莲香来说，真是谈何容易。

生性执着的王莲香冷静地评估了自己的情况：虽没受过专业训练，但这么多年对产品的了解，使她比许多研究人员更“专业”；缺的不就是资金吗？她一旦认定自己的设想极富价值，她就要毫不犹豫地投身其中。虽然她也很清楚，这其中的风险有多大。

没有场地，她家那间13平方米的小屋便成了实验室，桌上、地下到处摆满了瓶瓶罐罐。

没有经费，她便卖了部分家产换取资金。王莲香的丈夫在远洋轮上工作，家底还算丰厚，但不到几年时间她不仅耗尽了家中的全部积蓄，还卖掉了丈夫从国外买来的高级摩托车、彩电、冰箱、收录机甚至一些心爱的收藏。当家里再也找不出一件比较值钱的东西时，她只好冒险向别人借钱来搞试验。

为了寻找蓄电池的最佳配方，她与同事一起共测试了整整40个月，每天要不间断地测24次。仅记录就写满了上百本。

王莲香最终获得了成功。一种高能、无污染、无腐蚀性、耐低温的胶体蓄电池问世了，该产品不仅能满足各种设备的大功率启动需要，且寿命是铅酸蓄电池的3倍还要多。

当“海王”成功的消息传到国外，德国一家驰名大公司大吃一惊，断言这不可能是中国人干的。当他们知道了这是事实的时候，马上就邀请王莲香访德，并急切要求订货。

科学研究，是世界上所有投资风险最大的领域，一般都由政府或实力雄厚的大公司来承担，因为其失败的可能性太大了。但王莲香却敢于向这一领域的尖端难题发出挑战，并自费承担了全部的商业风险，这不能不说是一项壮举。王莲香用她的成功告诉我们：有目标的付出是达成愿望的必要前提。

有目标的付出不仅是界定个人追求的最终结果，而且还是实现愿望之路的里程碑，它在整个人生的旅途中都起着不可或缺的作用。它的作用主要表现在：

（1）目标能使我们产生积极性。目标既是个人努力的依据，也是对自己的鞭策。

（2）目标能使我们看清使命。正如一位贸易巨富宾尼所说："一个心中有目标的普通职员，会成为创造历史的人；一个心中没有目标的人，只能是个平凡的人。"人生倘若没有目标，就会一事无成。制定人生目标未必能使你活到100岁，但必定能增加成功的机会。

（3）目标能使我们发挥潜能。没有目标的人，虽有巨大的力量和潜能，但他们把精力放在了小事情上，而小事情使他们忘记了自己应该做什么。而目标却能助人集中精力，当不停地在自己有优势的方面努力时，这些优势就会进一步发展，最终帮助自己达到目标。

（4）目标能使我们未雨绸缪。目标能帮助我们事前谋划，迫使我们必须把要完成的任务分解成切实可行的步骤。

（5）目标有助于我们安排轻重缓急。没有目标，我们很容易陷入跟理想无关的日常事务当中。一个忘记最重要事情的人，必然会成为琐事的奴隶。

（6）目标可以使我们有能力把握现在，运筹帷幄。虽然目标是朝着将来的，是有待于将来实现的，但是每一个大目标、大任务都是由一连串的小任务和小步骤组成的，它们的实现也都是几个小目标、小步骤实现的结果。要实现一个大的愿望，首先应该制定一连串的小目标，并逐一实现它。这就要求我们集中精力，把握现在，才能为实现将来的大愿望铺好路。

（7）目标能使我们把重点从工作本身转到工作结果。明确的目标，会让自己定期检查工作进度，自然地把重点从工作本身转移到工作成果，努力做出足够的成果来实现目标。

目标对于实现愿望有绝对的必要，好像空气对于生命一样，没有空气，人就不能够生存。为了不让自己的愿望在荒芜的沙滩上搁浅，或者在未知的大海中触礁，我们要切记明确自己的目的地，不要随风漂流。记住：只有有目标的付出，才能引领你达成愿望！

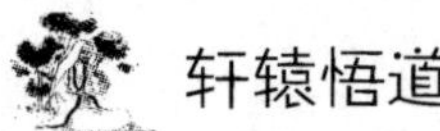

轩辕悟道

人生要有目标就像射箭要有方向，如果方向太多，就会力不从心，如果没有目标，就变成了没头苍蝇乱撞，累得头晕眼花，筋疲力尽，却一无所获，即使有一点获得也是运气所致。目标是人生的灯塔，指引努力的方向。有目标的努力才会在有限的生命里更快获得成功。

第十九章

千人一心，泥土变黄金

学大雁别学海鸥

同样是飞鸟，海鸥似乎比大雁更惹眼，更受到人们的喜欢。你看，在礁石林立的海湾，一只海鸥正从容展翅沧海，它翱翔靓丽、逍遥穿云，越飞越高、越飞越高，直到高过所有其他海鸟，然后滑翔出一个个华丽的弧圈。它不断地表演着，就像知道一架摄像机正对准它，记录着它的优雅身姿。

但是，事实却是与它们的完美相悖的，所有的优雅与庄严都堕落为肮脏、龌龊的内斗与残忍。还是那只海鸥，它像炸弹般冲入鸥群中，偷走一点肉屑，激起散落的羽毛和愤怒的尖叫。海鸥之间不存在分享与礼貌的概念，只有嫉妒和凶猛的竞争。如果你在一只海鸥的腿上系上根红丝带，使它显得与众不同，你就等于宣判了它的死刑。其他海鸥会用爪子和嘴猛烈地攻击它，让它皮开肉绽、鲜血直流，直到倒在地上成为血肉模糊的一团。

如果我们一定要选一种鸟儿作为人类社会的榜样，那么海鸥绝对是个只能让人类堕入失败深渊的错误选择。相反，我们应当学习大雁的智慧和精神。

每年两次的南北迁徙，对大雁来说都是非常漫长和遥远的路程。在长达万里的行程中，它们要面临猎人枪击的威胁，要面临狂风暴雨、电闪雷鸣及寒流与缺水的威胁，但是每一年它们都能成功地往返。

在南飞北返的过程中，大雁总是结队而行，队形一会儿呈“一”字形，一会儿呈“人”字形。为什么大雁会这样编队飞行呢？

原来，这样编队飞行能产生一种空气动力学效应，一群编成“人”字形或“一”字形飞行的大雁，要比那些单独飞行的大雁多飞 70% 的路程，也就是说，编队飞行的大雁能够借助团队的力量飞得更远。

在这两种队形中，每一只大雁扇动翅膀都会为紧随其后的同伴增添一股向上的力量，从而减少同伴的体力消耗。

在雁群飞行的过程中，整个队伍中最辛苦的就是领头雁。如果领头的大雁累了，它会自动退到队伍的侧翼，紧接着另一只大雁会马上取代它的位置，继续领飞。而当有的大雁生病或受伤时，雁群中就会有两只大雁日夜不停地帮助和照料它，直到它康复或者死亡，然后它们继续追赶前面的队伍。

也因此，大雁成为了团队精神的象征，是团队精神的化身，值得我们每一个人去效仿与学习。

团队精神的集中体现就是大局意识、协作精神和服务精神。团队精神要求团队成员有统一的奋斗目标或价值观，而且需要彼此信赖，需要适度地引导和协调，需要有正确而统一的集体文化理念的传递和灌输。团队精神强调的是组织内部成员间的合作态度，为了一个统一的目标，成员能自觉地认识到自己肩负的责任，并愿意为此目标共同奉献。

举个最简单的例子：

在一次培训中，我们做了一场游戏，游戏的规则是：把培训学员分成四组，每组十人，要求这十个人背对着背、手挽着手、肩靠着肩围成一个大圆圈，一起坐在地上，然后要求每个组的人一起站起来。游戏开始了，四组人便开始各自找方法。时间一分一秒地过去，四组人试了一次又一次，也用了各种方法，如力气大的挨着力气小的，每个人脚挨着脚等，但不管用什么方法，最终都有几个人站不起来。当指挥喊“停”后，问哪个组做到了，只有一个组大声喊：“我们做到了！”并当场演示给我们看。

原来这一组人在要站起来的过程中，队中的每一个成员都付出了百分之百的力气给对方，他们把所有的力气汇集在一起，组成一股强大的力量，最终支撑他们一起站立了起来。这就是大雁的团队精神，为了集体的利益，每个人都需要尽力而为，并将它们汇集在一起，形成一股强大的凝聚力和发展力。

我所在的这一组失败了，原因就是我们当中存在着没有尽力而为的人，他总希望靠别人的力量把他带起来，不想费劲，可他却不曾想过，他的这一点点自私就会导致整个团队走向失败。

然而，大雁中却不会有这种自私自利的成员，因为每一只大雁都深刻懂得这样一个道理：一只大雁是不可能单独飞往南方的，只有依靠团队的力量，才能实现自己的目标。对我们人类而言，国家也好，单位也好，企业也好，游戏也好，每个成员都必须学习和具备大雁的团队精神，才能成功。

古今中外无数事实都证明：团队凝聚力量，力量如浩荡大江，激流勇进，势不可当。拥有大雁般的团队精神，生命可创造奇迹；拥有大雁般团队精神，人类才能谱写华章。团队成功的基石是团结、互助。一个像雁群一样有向心力、凝聚力的团队，才是一个战无不胜的团队。这样的团队，还有什么困难能够打倒他们呢？个人又何愁不能在如此强大的团队中实现自己的目标，获得长足的发展和成就呢？

轩辕悟道

大雁的团队精神对任何组织来说都是无比重要的，大到国家，小到企业，都需要处于其中的每个成员具备这种精神。但是团队精神的基础是要尊重个人，然后才能协同合作，团队精神的形成并不要求团队成员完全牺牲自我，相反，挥洒个性、表现自我的特长更有利于成员共同完成任务目标，而明确的协作意愿和协作方式则会产生真正的内心动力。

将为军胆，让狮子带领团队

西方国家有一句谚语：“一只狮子领着一群羊，胜过一只羊领着一群狮子。”意思是说，一个团队领袖的优劣可以决定团队的命运，另一层更重要的含义是一个优秀的团队领袖能把一支平庸的队伍调教成一支富有战斗力的队伍，反之亦然。在中国同样也有“将为军胆”，“兵熊熊一个，将熊熊一窝”的类似说法。这都表明一个颠扑不破的道理：团队领袖的卓越与否是团队发展的关键，如果没有卓越的领袖，一个团队的人员能力再强，也会由于缺少一个共同的信仰和共同的核心价值观而没有什么大的作为，最终会被其他的竞争对手击败。因此，要想成为一位卓越的领袖、建立一个具备核心竞争力的强大团队，使团队能够长久的立于不败之地，就不仅要不断加强自己的领袖才能，还要能够帮助其他成员建立起良好的心理素质。

1. 加强领袖才能

（1）分析、综合、统观全局的能力。统观全局、善于分析、善于综合是团队领袖者实现其领袖功能的最基本的能力。领袖者要从全局、战略的高度分析问题、解决问题，必须对各方面、各部门、各环节进行精细的分析并且综合起来加以考虑。

（2）决策能力。团队领袖必须善于在充分占有资源的前提下，坚决、果断地进行决策。在实施方案时具有坚持性，当情况发生变化需要重新修订团队目标与方案时，领袖者是否坚决、果断等均表现出一个团队领袖的决策能力。高超的决策能力是与其他能力紧密联系着的。一个具有敏锐的观察能力、严密的逻辑思维能力、科学的预见能力、迅速的直觉判断能力的人，才有可能具有较高的决策能力。与此同时，敢于决策、善于决策又同一个人丰富、渊博的知识、高度的工作责任心分不开。

（3）组织能力。团队领袖者需要把各部门、各方面的人力、物力、财力，按照一定的要求从空间到时间有机地结合成一个系统或整体。团队领袖要调动团队成员积极去实施团队目标必须具有较高水平的组织能力。组织能力可以看作是团队领袖活动所特殊要求的能力。

（4）机智与应变能力。客观事物是复杂的，特别是偶然因素存在，团队领袖必须善于发现事物的变化，根据事物的变化及时、合理地修正自己的工作。机智与应变能力在一定意义上反映出一个团队领袖的成熟性。

（5）激励与协调团队关系的能力。团队领袖就是带领团队成员去实现团队目标。这就需要团队成员齐心协力。但做到这点并不容易。由于团队成员在认识、需要、性格等方面的不同，人与人之间相互关系上出现矛盾、不协调现象是正常的。团队领袖要善于体察各类人员的思想、情绪，善于协调团队成员之间的矛盾，善于调动各类人员的积极性，尤其是善于使整个团队充满着理解和友好的气氛。

一个卓越的团队领袖除了具备上述几种能力外，还应有计划能力，表达能力，善于团结、善于合作的能力等。

2. 团队领袖还要能够帮助其他成员共同建立起良好的心理素质

这是影响团队效能的极为重要的内在条件。优秀的心理素质不是天赋的，而是在社会实践工作、学习中逐渐形成的。一般来说，一个强大的团队成员应当具有下列主要心理素质：

（1）高度的事业心与工作责任感。事业心即全心全意为事业献身的精神。责任感是同事业心紧密相连、是伴随着积极态度、认真负责的工作表现的一种自身心理体验。事业心和责任感是一个人认识、情感、意志过程的综合反映。它们是团队成员的世界观、信念、理想在实际工作中的具体化。这种高度的事业心与工作责任心作为一种心理的或内在的推动力，推动着团队自觉地克服各种困难，刻苦钻研业务知识，努力去提高自己的效能。

（2）不断创新、进取精神。追求成就、不断进取是一个团队的内在动力。在现代社会生产和科学技术的发展中，团队成员如果不善于提出新问题，开拓新领域，就无法跟上形势的变化。不断探索、改革、开创新局面，是良好心理素质的核心内容和主要标志。

（3）良好的社会知觉。团队成员应当学会善于通过对别人外部特征（包括行为举止、面部表情、身体姿势等）的知觉进而正确地认识他人的动机、感情、意图、能力等。在此过程，应当警惕并努力避免或克服对他人认识中的种种偏见。

（4）宽广的胸怀。胸怀是一个人的气量与抱负。如果团队成员都能对自己高标准要求，对他人宽宏大量，团队就会很团结，富有凝聚力，内部的和谐是团队效能的巨大驱动力。

总而言之，任何一个团队，都需要一个卓越的领袖，这对团队的发展具有至关重要的作用。因此，团队人才的选拔和团队管理制度必须严谨客观，“将为军胆，让狮子带领团队”，社会和团队才能够不断进步，团队成员也才能在公正的氛围中无怨无悔地贡献自己的力量。而作为团队领袖也好，团队普通成员也好，要想做出成就，就要不断修炼自己的能力和素质，凭自己的实际贡献才能使大家信服、和谐与互助。

轩辕悟道

“将为军胆，让狮子带领团队”，是说团队领袖的卓越与否是团队发展的关键，如果没有卓越的领袖，一个团队的人员能力再强，也会由于缺少一个共同的信仰和共同的核心价值观而没有什么作为，甚至会被其他的竞争对手击败。但是，要选择带领团队的狮子，就不仅要有领袖才能，还要能够帮助其他成员建立起良好的心理素质。这样才能保证团队的核心竞争力，使团队长久地立于不败之地。

团结协作，蚂蚁也能搬动巨蟒

人们常说："众人拾柴火焰高。"一个人能力有限，要是大家齐心协力，团结起来共同拼搏奋斗，那么就一定能实现很大的事业发展目标。

人是各种资源中唯一具有能动性的资源。企业的发展必须合理配置人、财、物，而调动人的积极性和创造性是资源配置的核心，团队精神就是将人的智慧、力量、经验等资源进行合理的调动，使之产生最大的规模效益，用经济学的公式表述即为"1 + 1 > 2"模式。所以说，团结协作，蚂蚁也能搬动巨蟒，这是再浅显不过的道理了。

一个人若真的想成就一番事业，必须发扬合作精神。团结协作已经成了现代职场人士必须具备的一个基本素质。一个人是否具有团结协作的精神，不仅将直接关系到他的工作业绩，而且还关系到公司未来的发展。现在，几乎所有的大公司在招聘新人时，都十分注意人才的团结协作精神，他们认为一个人是否能和别人相处与协作，要比他个人的能力重要得多。

如果没有其他人的协作，任何人都无法取得持久性的成功。如果两个或两个以上的人联合起来，并且建立在和谐与宽容的基础上，这一联盟中的每一个人将因此倍增自己的能力。但是，有些人由于无知或自大，误认为自己单打独斗也能够平安走过处处充满危险的生命海洋。这种人终会发现，有些人生的旋涡比危险的海域要危险得多。只有通过和谐的团结协作，才能获得成功，单独一个人必定无法获得成功。

有一家律师事务所，是两名律师合作开办的。其中一名律师从来不出庭，只负责准备案件的所有诉讼材料，而另一名律师则专门负责出庭。

这家律师事务所的业务很红火。其之所以成功在于两名律师合理的分工合作，他们一个人是“出击型”的人，另一个人是“平衡型”的人。各自发挥自己的长处，使事务所的业务蒸蒸日上。

正如一位哲人所说的：“你手上有一个苹果，我手上也有一个苹果，两个苹果交换后，每人仍然只有一个苹果。但是，如果你有一种能力，我也有一种能力，两人交换的结果，就不再是一种能力了。”

如果这家律师事务所只拥有一种类型的思维，那么，发展将受到很大的限制。即使它拥有十几名能力很强的律师，结果还是一样。所以，在专业化分工越来越细、竞争日益激烈的今天，单靠一个人的力量是无法面对千头万绪的工作的。如果你能把自己的能力与别人的能力结合起来，就会取得令人惊叹的成就。

2003 年 10 月，“神舟五号”载人飞船实现了圆满发射且圆满回收，这是我们国家的一件大事，也是科技界的一件大事。

这一次成功载人航天，是上万人努力的结果，是老中青几代人努力的结果。社会主义的优越性就是能够集中力量办大事，而要集中力量办大事，就是要充分发挥整个团队的力量，能够形成大家为了一个共同的目标团结协作、努力奋斗的良好氛围。

中国航天科技集团公司总经理张庆伟介绍，“神舟”、“神箭”总体上是由中国航天科技集团公司研制的，但这是全国大协作的成果。“神舟”号宇宙飞船和运载火箭是我国各行业高科技研究成果的结晶，全部产品的配套厂家有三千多家，参加协作的科研院所有两百多家。

据初步统计，仅参与“神舟五号”载人设备设计、生产和配套的单位就涉及航空、航天、信息产业、气象、兵器、冶金、仪器仪表、核工业、纺织、化工、机械等十多个领域和中科院、总装备部、教育部等系统的遍布全国的上百家单位，这还不包括提供大量元器件的部门。其中，连接火箭、飞船包带用的钢材是上海钢铁研究所研制的，机械性能和柔软性都非常优异。飞船使用的降落伞伞绳、伞衣是由四川海容绸厂提供的，伞带是由上海第三织带厂提供材料，由航天科技集团五院508所研制的。

事实上，一个人的能力本来就有限，而在当今这个科学交叉、知识融合、技术集成的大背景下，个人的作用更是日渐减小。一个人不可能同时拥有成就事业所必备的所有能力，成就事业的关键在于群体的团结协作。因此，越是追求伟大目标的人，越是需要借助别人的力量，一起团结协作。

雷锋曾经在日记中写道："一朵鲜花打扮不出美丽的春天，一个人先进总是单枪匹马，众人先进才能移山填海……我要永远地记住：一滴水只有放进大海里才能永远不干，一个人只有当他把自己和集体融合在一起的时候才能有力量。"所以，团队合作的真谛就是"团结"，而团结就是力量，就是竞争力、战斗力。

有人说："未来的竞争将是协作性的竞争，个人的力量在激烈的竞争中往往是不堪一击的。缺乏团队精神，不懂得寻求积极的合作将难以生存。"个人的成功离不开团队的合作，团结协作就是团队精神的灵魂。团结协作可以调动团队成员的所有资源和才智，并且自动地驱除所有不和谐、不公正现象，同时给予那些诚心、大公无私的奉献者恰当的回报。如果团结协作是出于自觉自愿时，它必将产生一股强大而持久的力量，激发出团体不可思议的潜力，使团结协作干出的成果远远超过成员个人业绩的总和。

正所谓"同心山成玉，协力土变金"。小溪只能泛起破碎的浪花，海纳百川才能激发惊涛骇浪，个人与团队关系就如小溪与大海。每个人都要将自己融入集体，才能充分发挥个人的作用。只有严密有序的集体组织和高效的团结协作，才能克服重重困难，创造出瞩目的奇迹。

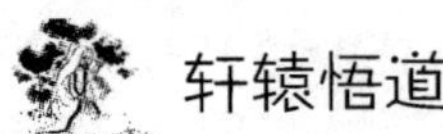

轩辕悟道

现代社会是人与人合作的社会，是靠团结协作的合力来追求事业发展的时代。任何一个团队要在事业上取得成就，都要靠团结协作，才能达到一个远大的目标。而且团队协作还能够使团队的每一个成员依靠集体的合力获得发展，取得事业上的成就。团结的力量是不可估量的。

第二十章

谁是这个时代最可爱的人

第十二章

送信给加西亚的人

1898 年，美国和西班牙之间正在发生一场为争夺在古巴的利益的战争。美国总统麦金莱急需一名合适的特使去完成一项重要的任务，以弄清楚驻扎在古巴的西班牙军队的部署情况、战略计划及敌军的士气、装备，还有古巴的战况、地形、气候和加西亚将军的困难与要求。如何把总统的信安全、顺利地交给加西亚将军成为这场战争的重中之重。

“谁是能把信送给加西亚的人呢?”美国总统麦金莱向军事情报局局长阿瑟·瓦格纳上校问道。

“安德鲁·罗文，一个年轻的中尉。”上校迅速回答道，“如果世上有能把信送给加西亚的人的话，这个人就是罗文。”

他们把罗文找来，交给他一封写给加西亚的信。关于那个“名叫罗文的人”，如何拿了信，把它装进一个油布制的袋里封好，吊在胸口，划着一艘小船，四天之后的一个夜里在古巴上岸，消逝于丛林中，接着在三个星期之后，从古巴岛的那一边出来，徒步走过危机四伏的战场，把那封信交给了加西亚——这些细节都不是我想说明的。我要强调的重点是：麦金莱总统把一封写给加西亚的信交给了罗文，而罗文接到这个任务时，他没有提出任何条件，也没有问“为什么不派别人去”，甚至连“加西亚在哪里”“我如何同他联系”“如何才能到达那儿”等问题也没有提，就毫不犹豫地接受了任务，踏上了寻找加西亚的艰难旅途，凭着自己的意志和智慧，排除艰难险阻，出色地完成了任务。

这篇短文，原作者是阿尔伯特·哈伯德，最先出现在 1899 年的《菲士利人》杂志，后来被收录在戴尔·卡耐基的一本书中。

这篇文章，几乎世界上所有的语言都把它翻译出来。

纽约中央车站曾将它印了150万份，分送出去。

日俄战争的时候，每一个俄国士兵都带着这篇短文。日军从俄军俘虏身上发现了它，相信这是一项法宝，就把它译成日文。

于是，在日本天皇的命令之下，日本政府的每一位公务员、军人和老百姓都拥有这篇短文。

这个简单却闻名世界的故事的作者这样写道：“像他这种人，我们应该为他塑造不朽的雕像，放在每一所大学里。年轻人所需要的不是学习书本上的知识，也不是聆听他人种种的指导，而是要加强一种敬业精神，对于上级的托付，立即采取行动，全心全意去完成任务——‘把信带给加西亚’。

“凡是需要众多人手的企业经营者，有时候都会烦恼于下属的被动、无法或不愿专心去做一件事，他们懒懒散散、漠不关心、马马虎虎的做事态度，似乎已经变成常态；除非苦口婆心、威逼利诱地叫下属帮忙，或者除非奇迹出现，上帝派一名助手给他，没有人能把事情办成。

“我钦佩的是那些不论老板是否在办公室都努力工作的人；我也敬佩那些能够把信交给加西亚的人，静静地把信拿去，不会提出任何愚笨问题，也不会存心随手把信丢进水沟里，而是不顾一切地把信送到。这种人永远不会被‘解雇’，也永远不必为了要求加薪而罢工，这种人不论要求任何事物都会获得。他在每个城市、乡镇、村庄，每个办公室、公司、商店、工厂，都会受到欢迎。世界上急需这种人才，这种能够把信带给加西亚的人。”

在我们的日常工作中，差不多每天都能听到这样的话和看到这些现象：

“为什么要我去做这件事？为什么不叫××去？”

“这件事很麻烦，我做不了，你能不能安排别人去做？”

“这种质量客户能接受，我保证；我以前就是这样做的，这次为什么要这么认真?”

“我们以前一直就是这么做的，现在为什么要改，不改行不行?”

“不一定要做得这么好，没有必要，客户又不知道!”

“这不是我的事，是××的事，他老是做不好!”

“哦，这是××部门的事，和我们没关系。”

“对不起，我没办法做到这一点。”

“没有办法，今天做不出来，明天再看吧。”

“对不起，今天我疏忽了（迟到、忘戴工作帽、工作牌等），下次一定注意。”

他们不停地问着一些愚昧的问题、说着一些愚昧的话语，仿佛解答这些问题比做事本身还要重要。他们不断找出各种各样的借口来推脱，马虎地敷衍了事，讲价钱谈条件，拖延，抱怨，心不在焉，投机取巧。说到底，所有的借口、托词都是幌子，这些人根本没有做好事情的责任感和敬业精神。他们老在猜疑上司、同事以及老板，总担心自己比别人做得要多会吃亏，总觉得自己受到不公平待遇，总在偷懒，总在逃避。如果你让他“送信给加西亚”，他的回答一定就是：“这个我送不了，你另找他人吧。”

这种不能送信给加西亚的人，绝不是团队所欢迎的人。

作为一名优秀职员，应该具备罗文一样的精神，对待领导交代的任务，应立即采取行动，而不是去谈条件、找借口、推脱逃避。

作为一个优秀职员，对于自己的本职工作和岗位职责，对于领导经过研究交办给我们的任何事情，都应该积极主动地接受、积极主动地完成，而且要做到迅捷、全力以赴以实现高效、高质的工作表现。摒弃拖拉随便、三心二意的工作态度和玩世不恭的生活态度；改正对工作推诿塞责、故步自封、吊儿郎当的工作作风。

当你成为了一位能把信送到加西亚的人，那么你永远不用担心失业，永远不用担心失败，永远不用担心不能实现理想，因为，任何一个团队都需要这样的人，成功也最爱拥抱这样的人。把信送给加西亚，你准备好了吗？

轩辕悟道

我们在职场上，不管领导交给的工作任务是不是自己分内的，都要把它作为领导对我们的信任、对我们工作能力的肯定，要把完成任务作为提升自身能力、实现人生价值的重要途径和有效手段，想一切办法，用最大力气去做得更好。

西点人学到的第一个理念

提起西点军校，大家都不陌生。200 多年以来，西点军校为美国培养了 3 位总统、5 位五星上将、3700 名将军以及无数精英人才。据统计，世界 500 强里面，西点军校培养出来的董事长有 1000 多人，副董事长 2000 多名，总经理 5000 多名。可口可乐、通用公司、杜邦化工的总裁都出自于西点。为什么西点军校能培养出那么多人才呢？

就是因为“没有任何借口”一直被美国西点军校 200 年来奉为最重要的行为准则，这也是西点军校传授给每一位新生的第一个理念。它强化的是每一位学员想尽办法去完成任何一项任务，而不是为没有完成任务去寻找借口。其目的是为了让学员学会适应压力，培养他们不达目的不罢休的毅力。

西点就是要让学员明白：无论遭遇什么样的环境，都必须学会对自己的一切行为负责！学员在校时只是年轻的军校学生，但是日后肩负的却是自己和其他人的生死存亡乃至整个国家的安全。在生死关头，你还能到哪里去找借口？哪怕最后找到了失败的借口又能如何？因此，工作中是没有任何借口的，失败是没有任何借口的，人生也是没有任何借口的。

秉承着这一理念，西点学员养成了毫不畏惧的决心、坚强的毅力、完美的执行力以及在限定时间内把握每一分每一秒去完成任何一项任务的信心和信念。很多西点毕业生都是“没有任何借口”这一理念最完美的执行者和诠释者，他们都在人生的各个领域取得了非凡的成就。

著名的巴顿将军在他的《我所知道的战争》这本战争回忆录中曾写到这样一个细节：“我要提拔人时常常把所有的候选人排到一起，给他们提一个我想要他们解决的问题。我说：‘伙计们，我要在仓库后面挖一条98英尺长、3英尺宽、6英寸深的战壕。’我就告诉他们那么多。我有一个有窗户或有大节孔的仓库。候选人正在检查工具时，我走进仓库，通过窗户或节孔观察他们。我看到伙计们把锹和镐都放到仓库后面的地上。他们休息几分钟后开始议论我为什么要他们挖这么浅的战壕。他们有的说6英寸深还不够当火炮掩体，有的说这样的战壕太热或太冷。如果伙计们是军官，他们会抱怨他们不该干挖战壕这么普通的体力劳动。最后，有个伙计对别人下命令：‘让我们把战壕挖好后离开这里吧。那个老家伙用战壕干什么都没关系。’”

最后，巴顿写道：“那个伙计得到了提拔。我必须挑选坚决服从命令，不找任何借口地去完成任务的人。”

巴顿将军不仅要求别人服从他的命令，同时他自己也是以身作则。

巴顿将军在他的日记中写道：“有一天，潘兴将军派我去给蒙马利将军送信，但我们所了解的关于蒙马利将军的情报只是说他已通过普罗维登西区牧场。天黑前我赶到了牧场，碰到第7骑兵团的骡马运输队。我要了两名士兵和三匹马，顺着这个连队的车辙前进。走了不多远，又碰到了第10骑兵团的一支侦察巡逻队，他们告诉我们不要再往前走了，因为前面的树林里到处都是维利斯塔人。我没有听，沿着峡谷继续前进。途中遇到了费切特将军（当时是少校）指挥的第7骑兵团和一支巡逻队。他们劝我们不要往前走了。因为，峡谷里到处都是维利斯塔人，他们也不知道蒙马利将军在哪里。但是我们继续前进，最后终于找到了蒙马利将军。”

布雷德利将军曾经给巴顿写过的评语说：“他总是乐于并且全力支持上级的计划，而不管他自己对这些计划的看法如何。”巴顿将军之所以被喻为西点军校最杰出的学员之一，被历代西点学员所崇拜，其中最重要的原因之一就是他的这种坚决服从命令、没有任何借口的职业风范。

遗憾的是在生活和工作中，有太多的人把宝贵的时间和精力放在了如何寻找一个合适的借口上，而忘记了自己的职责。

我们经常可以听到这样或那样的借口。借口在我们的耳畔窃窃私语，告诉我们不能做某事或做不好某事的理由，它们好像是“理智的声音”“合情合理的解释”，冠冕而堂皇。上班迟到了，会有“路上堵车”“手表停了”“今天家里事太多”等借口；业务拓展不开、工作无业绩，会有“制度不行”“政策不好”或“我已经尽力了”等借口；事情做砸了有借口，任务没完成有借口……只要有心去找，借口无处不在。做不好一件事情，完不成一项任务，有成千上万条借口在那儿响应你、声援你、支持你，抱怨、推诿、迁怒、愤世嫉俗成了最好的解脱。借口就是一张敷衍别人、原谅自己的“挡箭牌”，就是一副掩饰弱点、推卸责任的“万能器”。

这样的人是不可能成为好员工的，他们也不可能有真正成功的人生。养成了找借口习惯的人，工作只会拖沓、没有效率。当我们不去找借口时，就不会为工作中出现的问题而沮丧，甚至可以在工作中学会大量解决问题的技巧，高效能的完成任务、实现目标。当借口离我们越来越远时，成功也就离我们越来越近了。

所以，无论如何，都不要寻找任何借口，现在、立刻、马上去做。一次次没有任何借口的奋斗和尝试，都会积极有效地提升你的执行力，增强你的意志力，使成长、成就、成功属于你！

轩辕悟道

在商业化的今天，商场就是战场，工作就如同战斗。要想在商场上立于不败之地，就必须拥有一支不去找任何借口的高效的、有战斗力的团队。“没有任何借口”，这一理念是提升企业凝聚力和竞争力、建设企业文化最重要的准则。秉承这一理念，众多著名企业也都建立了自己杰出的团队。

没有任何借口的人是最可爱的人

金庸、古龙先生的武侠小说一直长盛不衰，人们总是津津有味、如痴如醉地去读，幻想着自己有朝一日也能像小说里的大侠那样行侠仗义，做一番事业。为什么会这样呢？因为人们都欣赏和钦佩那些行不更名、坐不改姓的江湖好汉，他们个个是勇于担当、“没有任何借口”的人，他们是人们行动的楷模和榜样。

在职场上，“没有任何借口”的人也是领导心目中的重要“品牌”之一。每一个团队领导都希望自己的员工是勇于承担责任、“没有任何借口”的“大侠”。这在一定程度上也意味着员工对团队是否专注和忠诚，决定着一个团队能否健康发展，同时也决定着一个员工在团队中的前途命运。所以，不论古今中外，不管是在企业公司中，还是在政府单位中，抑或是在现实生活中，人们总是喜欢和崇敬那些“没有任何借口”、有强烈责任感的人，在人们心目中，没有任何借口的人是最可爱的人。

有一次，一个士兵骑马给拿破仑送信。尽管前面有敌人所设的重重关卡，而他的腿又受了伤，但是，他中途没有休息，连着三天三夜滴水未沾，就为了加快速度，提前把信送到拿破仑手中。当他赶到拿破仑面前时，由于马奔跑的速度太快，那匹马跌倒在地一命呜呼了，而他也晕倒在了地上。当他醒来后，把信交到了拿破仑手中，拿破仑又起草了一封信让他转送，并吩咐他骑自己的马，快速把信送至。

那个士兵看到那匹装饰得无比华丽的骏马，便对拿破仑说："不，将军，我是一个普通的士兵，实在不配骑这匹华丽强壮的骏马。"

拿破仑回答："世上没有一样东西，是勇敢而负责的法兰西士兵不配享有的。从此，这匹骏马将永远属于你。"结果，拿破仑把自己最珍爱的坐骑送给了这名士兵。在别人尊敬的目光下，这位士兵骑上了骏马，又出发了。

可见，一个人即使没有良好的出身、优越的地位，只要他能够不找任何借口的勤奋工作，认真、负责地处理日常工作中的事务，就会赢得别人发自内心的敬重和支持。

反之，一个人即使高高在上，却处处找借口，不敢承担责任，丧失基本的职业道德，也会遭到他人的鄙视和唾弃。

泰勒是一家大型汽车制造公司的车间经理，手下管着一百多位安装技工。有一次，他带着几名员工安装一辆高级小轿车，安装完毕，恰逢总裁和他的几个朋友到车间巡视，其中有一位发现了这辆小轿车安装上的失误，因为总裁在场，泰勒怕自己挨训，便找借口把责任推给了他的下属。总裁因为他这种不负责任的做法而勃然大怒，当着全车间的人把他训斥了一顿。

因为这件事，下属对他的行为感到羞耻，在内心深处鄙视他的人格，并对他失去了信任感。在工作的过程中，有意识地排斥他，对他所安排的事情阳奉阴违，而公司高级管理层对他也有所成见。他的工作再也不能顺利开展，车间安装成绩直线下滑，他也因此被公司降职了。

找借口的习惯，既不利于事情的及时解决，又会对员工的个人及团队的发展产生不良的影响。如果你有为自己找借口的习惯，请马上改掉，这都是拒绝承担个人责任的表现。只有在工作中成为一个不找任何借口，专注于自己的本职工作，勇于承担责任的人，成功才会离我们越来越近。

“没有任何借口”，首先要学会服从。当接到任务时无条件服从，是我们远离任何借口的良好开端。服从意味着放弃个人主义，用企业精神来规范自己的言行，只有怀着对企业的忠诚、敬业，才能让服从成为一种习惯。

其次，要主动承担艰巨的任务。承担艰巨的任务是锻炼自己能力最难得的机会，这不仅需要迎难而上的勇气，还需要在学习实践中不断提高自己的学识水平和执行能力。

最后，遇到困难，不要放弃，积极寻找解决问题的办法，这是非常有效的工作原则。我们都曾经一再看到这类不幸的事实：很多有目标、有理想的人，他们工作，他们奋斗，他们用心去想、去做，但是由于过程太过艰难，他们越来越倦怠、泄气，终于半途而废。到后来他们会发现，如果他们能再坚持时间长一点，如果他们能看得更远一点，他们就会获得成功。

总之，成功属于那些善于找方法的人，而不是善于找借口的人。在责任和借口之间，选择责任还是借口，体现了你的生活和工作态度。

因此，不要让借口成为你成功路上的绊脚石。搬开那块绊脚石吧！工作中没有借口，人生没有借口，失败也没有借口，只有没有任何借口的人，才是最可爱的人。

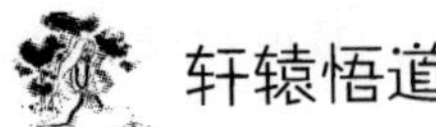

轩辕悟道

“没有任何借口”并不是一句空话，而是一种精神，一种以最高的标准来要求自己的精神。假如我们不被借口拖延，而去尽自己最大的力量完成它，结果必定会令人满意。这代表着一种全力以赴完成工作的态度，这也是想要成为一个卓越的人应该有的精神，如果我们远离借口，就能给自己增添无穷的力量和信心，这才是一种完美的执行能力。

第二十一章

正心、正念、正能量

积聚正能量三部曲

量子物理学证明：万物皆能量，人类当然也是由能量组成的。在物理学里，正能量的定义是：以真空能量为零，能量大于真空的物质为正，能量低于真空的物质为负。在社会学里正能量是指：一切给予人向上和希望、促使人不断追求和进步、激发人的创新和活力、让生活变得和谐幸福的动力和精神。

大家都知道，有白就有黑，有阳光就有阴影。同样地，有正能量就有负能量。

所有负面消极的思想、心理、行动都是负能量。它深具破坏力，能摧毁人的健康，击碎人的意志，让人消沉、苦闷、不思进取，进而一事无成，坠入绝望的深渊。

而正能量却是人体小宇宙中巨大潜能的核心动力，是一切美好的创造力。如果心灵不能持续不断的受到正能量的濡养，思维就会陷入误区，行动就会走入死角，人生就会跌入灰暗的无序。

集聚正能量的三部曲：

1. 第一部曲是开放心态

马克·吐温曾说："智慧的可靠标志是开放的心态。"比尔·盖茨也曾经说："保持开放的心态，能开拓你的事业发展空间。"

一个国家需要以开放的政策来对待世界，一个人同样需要以开放的心态来对待别人。开放的心态，是一种海纳百川的胸怀，也是一种修养和气度，它关乎一个人的人格魅力。

一个没有开放心态的人沉迷在自己的世界里孤芳自赏，完全不去理会外界都发生了什么变化，别人都取得了什么样的进步。这样，故步自封、刚愎自用、固执己见的负能量就会纷沓而至，他因此变得越来越追不上时代的脚步，越来越力不从心，甚至面临被时代抛弃的危险。

“三人行必有我师”，别人身上总有值得你学习的地方。比如你可以从一个环卫工人身上学到他那数十年如一日的工作精神，你可以从一个老员工那里学习游刃有余、稳中求胜的工作方法；还可以通过和同龄人之间的交流相互取长补短；更可以从那些批评你的人的口中发现自己的缺点和不足。这些对你来说都是无形的财富，也许你一时半会儿无法体会，但是久而久之，它们都是你正能量的积聚，都能丰富你的人生阅历，提升你的修养，让你在不知不觉中变得越来越完善。

2. 第二部曲是健康思维

能否积聚正能量，还取决于一个人的思维走向，思维的变动取决于大脑，大脑所产生的一切思维活动，就是思维的综合走向。它包括人的语言行为、人生观、道德观、价值观、世界观。

大脑的思维，直接带动着全身肌体，影响着全身的肌体。大脑的思维走向有偏差，整体健康都会出现问题。所以思维意识的变化与能否积聚正能量有着直接的关系，发挥着强大的作用。

如思想痛苦必伤心，眼睛就会流泪；大脑想到高兴的事，就会愉快地露出笑容；想到生气的事，就会胸闷；想到忧愁的事，就会浑身无力。思维意识进入哪种状态，自身就会有相应的感受。又如过分砍伐树木就会引发洪水，过分大气污染就会气候失常，这类现象就是自然规律对人类过错行为的反应。因此，要想积聚正能量，使自己身心健康，就要有一个健康的思维，规范的思想状态，也就是做人准则，这个制约人体思维的准则，也就是为了防止思维意识走偏、防止恶性循环。

健康思维的具体体现就是心中以慈善之心容纳、对待万事万物，使自己的胸怀宽广而博大；祛除心中之邪念以补自身之不足；心不贪，多以他人为先以积自身之德。当我们能够多以他人为先、以大局为重，加强自己的判断能力，用好心办好事，正能量自然就会大量聚集，我们就会精神振奋、心情愉快，细胞就充满活力。

相反，如果用邪心办坏事，必将会产生相反的病态反应。如心胸狭隘对肌体压力就大而产生胸闷，违背良心精神支撑力就小，为一己私利行动，身心就感觉萎缩。

因此，若要积聚更多正能量，走向健康的光明之路，需要换掉旧的思想观念，纠正思维意识的偏差，而保持健康的思维。

3. 第三部曲是积极行动

生活中有很多的人，他也想成功，但不是没有正确的目标就是缺乏积极行动。其实，一个人只要去积极行动，机会总是会有的。许多人之所以在生活中表现得冷漠、空虚、无聊、抑郁、颓丧乃至对什么都感到兴趣寡然，关键是他们从来没有获得过心理学上所称的"高峰体验"，也就是说他们没有因自己积极行动的奋斗和投入参与，获得一种包含着成功、荣耀、被尊重、完成、自我肯定等在内的积极强烈的兴奋感，让自己有一种如醉如痴、幸福愉悦的感觉，并摆脱一切的怀疑、恐惧、压抑、紧张、怯懦和自卑。

人世间的事情，没有一件绝对完美或接近完美。如果要等所有条件都好了以后才去做，只能永远等待下去了。如果光是幻想，更是不能导致成功的，唯有下定决心并积极采取行动，才能得到你所要追求的东西。

因为，当你有一种信念或心态后，你把它付诸积极行动，就更能加强和助长这种信念。当你养成制定目标，实现目标的习惯之后，你就会判若两人。假如你从前成就平平，那么现在你却能取得连自己都意想不到的成就。

你自己的木材要你自己砍，你自己的水要你自己挑，你生命中的主要目标要由你自己来塑造，立刻积极行动起来吧，将要成功的人！

开放心态、健康思维、积极行动是积聚正能量的三部曲，也是圆满人生的三部曲。开放心态是基础，健康思维是关键，坚持积极行动是力量，三者和合融汇、缺一不可。只要拥有积聚正能量的三部曲，人生之路就再没有看不见的希望，再没有行不通的障碍，再没有过不去的沟坎。

轩辕悟道

正能量是创造奇迹的“聚宝盆”，它能够化腐朽为神奇、变废品为利器。之所以有如此超凡入圣的能量，关键在于积聚正能量三部曲：开放心态，健康思维，积极行动。这三部曲不仅各自具有耐压性、稳固性、坚定性，还相辅相成、相生相盛，而且达到所向披靡、攻无不克的境界。

李维斯的成功秘诀

很早以前，美国千千万万的人从各地前去西部淘金。李维斯，这位原籍普鲁士的青年，也像许多年轻人一样，带着梦想前往西部追赶淘金热潮。

一天，突然间他发现有一条大河挡住了他前往西去的路。苦等数日，被阻隔的行人越来越多，但都无法过河。于是陆续有人向上游、下游绕道而行，也有人打道回府，更多的则是怨声。而心情慢慢平静下来的李维斯想起了曾有人传授给他的一个“思考制胜”的法宝：“太棒了，这样的事情竟然会发生在我的身上，又给了我一个成长的机会。事情的发生必有其因果，必有助于我。”于是他来到大河边，非常兴奋地不断对自己说：“太棒了，大河居然挡住我的去路，又给我一次成长的机会。事情的发生必有其因果，必有助于我。”果然，他真的有了一个绝妙的创业主意——摆渡。他来到大河边，就地砍伐竹子，编扎成竹排，开始摆渡。西去的淘金者急于过河去淘金，没有人吝啬一点坐他渡船过河的小钱，迅速地，他人生的第一笔财富居然因大河挡道而获得。

一段时间后，摆渡生意开始清淡。他决定放弃摆渡，并继续前往西部淘金。来到西部，四处都是人，他找到一块合适的空地方，买了工具便开始淘起金来。没过多久，有几个恶汉围住他，叫他滚开，别侵犯他们的地盘。他刚理论几句，那伙人便对他拳打脚踢。无奈之下，他只好灰溜溜地离开。好不容易找到另一处合适地方，没多久，同样的悲剧再次重演，他又被人轰了出来。在刚到西部那段时间，他多次被欺侮。最后一次被人打后，看着那些人扬长而去的背影，他又一次想起他的“制胜法宝”：“太棒了，这样的事情竟然会发生在我的身上，又给了我一次成长的机会。事情的发生必有其因果，必有助于我。”他真切地、兴奋地反复对自己说着，终于，他又想出了另一个绝妙的主意——卖水。因为，金山上的人太多，淘金者白天要喝水，晚上要洗澡、洗衣，在这里，黄金倒不算是珍贵的东西了，水却变得十分宝贵起来。

李维斯到处去寻找水源，挖掘成井，每天用车把水运送到淘金的工地上，他干上了这件无人与之竞争的生意，卖水的生意便红红火火，他于是又大赚了一笔钱。别人看见他卖水也能赚大钱，于是有人参与了他的新行业，再后来，同行的人越来越多。

终于有一天，在他旁边卖水的一个壮汉对他发出警告：“小个子，以后你别来卖水了，从明天早上开始这儿卖水的地盘归我了。”他以为那人是在开玩笑，第二天还是来了，没想到那家伙立即走上来，不由分说便对他一顿暴打，最后还将他的水车也一起拆烂。李维斯不得不再次无奈地接受现实。然而当这家伙扬长而去时，他立即开始调整自己的心态，再次强行让自己兴奋起来，不断对自己说：“太棒了，这样的事情竟然会发生在我的身上，又给我一次成长的机会。事情的发生必有其因果，必有助于我。”他又开始调整自己的思维。他发现来西部淘金的人，衣服极易磨破，同时又发现西部到处都有废弃的帐篷，于是他又有了一个绝妙的好主意——把那些废弃的帐篷收集起来，洗干净。就这样，他缝成了世界上第一条牛仔裤！

接着，李维斯向帆布商购入大量帆布，请了服装厂按他的设计缝制成服装。这些帆布服装还增设了几个口袋，便于淘金者放些锤子、钳子等工具和存放金矿石。由于这种帆布服装耐磨耐穿，并有各种便于存放工具和矿石的口袋，比棉布工作服优越得多，故大受淘金者欢迎。经过反复的改进提高，李维斯的矿工服不仅矿工爱穿，连美国的年轻人也喜欢穿了。李维斯的牛仔裤生意越做越大，“Levi’s”牌牛仔裤逐渐风靡世界。就这样，李维斯最终成为举世闻名的“牛仔大王”。

李维斯的成功秘诀在哪里？在于换个角度看问题。就是凭这个秘诀，李维斯走出了一条许多人想不到，走不通的路；也就是凭这个秘诀，他走到人生的巅峰。

每个人的人生际遇不尽相同，但每个人的一生都像一趟旅行，沿途中有数不尽的坎坷泥泞，也有看不完的春花秋月。如果我们的一颗心总是被灰暗的风尘所覆盖，干涸了心泉、黯淡了目光、失去了生机、丧失了斗志，我们的人生轨迹岂能美好？

人生处处充满了辩证，站在不同的角度看待同一件事，可以愁眉苦脸，也可以破涕为笑。就现实的情形而言，悲观失望的人一时的呻吟与哀号，虽然或许能得到短暂的同情与怜悯，但如果自己不知道努力奋进，改变自己的命运，最终的结果只能是得到别人的鄙夷与厌烦。而那些乐观上进的人，经过长久的忍耐与奋斗，努力与开拓，最终赢得的将不仅仅是财富与掌声，还有那饱含敬意的目光。

转换看待事情角度的目的，是激发我们进取、奋斗的热情，是使消极心态转化为积极心态，是使身心健康。不知你是否考虑过，人生最大的挫折，却往往是最好的机会。如果你觉得上天亏待了你，如果你沉溺于痛苦之中不能自拔，如果你总是抱怨、指责、发牢骚，那么你的一生有可能就此毁掉；如果你把挫折当成人生的踏脚石，进行认真反思、检讨，汲取一生受用的智慧，从此更加努力奋斗、抗争，那么你的人生就会从此改观。

所以在你遇到人生挫折的时候，在你沮丧的时候，在你失望、痛苦的时候，别忘了李维斯的成功秘诀——换个角度看问题。你要马上想到“事必有益”，第一反应应该是：太棒了，又有一个问题发生了，这个问题的背后一定有机会，我一定要利用好这个问题带给我的机会。

轩辕悟道

当你改变了看问题的角度，能够从根本上扭转对一个事物的看法时，你的感受就会大大地不同，这个不同的感受也会带给你不同的结果。换个角度看问题，你就能使自己的人生充满快乐，你就能成为人生的赢家！

富翁与女佣四岁孩子的故事

有一个单亲母亲，白天在富人家里做女佣，晚上回家与四岁的儿子相依为命。主人知道了女佣的境况后，给她和孩子腾出个房间，说：“把孩子接来吧，今后你们吃住都在我家里，一切免费，不扣你一分钱薪水。”女佣道了谢，说：“算了，不麻烦您。”主人没再坚持，这件事就过去了。其实女佣有自己的担心，主人家的大房子里，光洗手间就十几个，最小的洗手间，也比她家的房子大，她不知道在贫穷与富有的巨大落差前，对一个四岁的孩子将会产生什么样的影响。

有一天，主人要在家里请客，要请好多好多人，人手明显的不够了。主人与女佣商量说：“今天你能不能晚点回家，我这里缺人手，现找来不及，只好麻烦你了。”

女佣说：“行啊，就是有点担心我的儿子，他晚上见不到我会害怕的。”

主人说：“这好办，你现在就去把他接过来，晚饭在我这里吃，和客人一起吃就行了。”

女佣把儿子接过来时，客人正陆续抵达，她没领儿子从正门进来，走的侧门，然后把他藏在一间主人不大光顾的洗手间里。她从主人厨房里拿来一个盘子，从自己口袋里掏出香肠和面包，这是她在回家路上特意给儿子买的。

孩子从来没见过这么气派和华丽的房间，他不认识抽水马桶，不认识大理石洗漱台上摆放的那些色彩斑斓、晶莹剔透的瓶瓶罐罐，屋里好闻的气味让他幸福到简直要晕倒了。女佣告诉儿子说：“妈妈带你来参加宴会，你是小孩，不能和大人一起吃，这是宴会主人特意为你准备的单间。”

孩子想把餐盘放到洗漱台上，但他个头太矮，有点够不着，只好放到了马桶盖上，他坐在漂亮瓷砖铺就的地面上，一边唱歌，一边吃着这些平时很难吃到的美味佳肴。

很快，在富丽堂皇的宴会大厅里，主人没发现孩子的身影，就去问女佣。女佣支支吾吾地说：“我一直在忙着，没时间照看他，也许，或许，可能，他是在外面的草坪上自己玩吧。”

主人似乎明白了什么，他离开宴会大厅，把整幢房子的所有房间都找遍了，最后在一个位于角落的洗手间里找到了孩子。

主人问：“你怎么能在这里吃东西呀，你知道这是什么地方吗?”

孩子答：“我妈妈说，这是宴会主人特意为我准备的单间，今天的香肠太好吃了，我好久好久没吃过了，对了，你是谁呀，这么好吃的香肠我可不能一个人吃，你愿意陪我在这里吃这些美味吗?”

主人强忍泪水点了点头，用最灿烂的笑容面对着孩子，他已经不需要再问什么了。此刻，他想起了当初随父母来纽约的经历，那时他们也很贫寒，也经历过十分艰辛的时期。

回到宴会大厅，主人对客人们说：“很抱歉了朋友们，我现在必须得去陪一位特殊的客人，请大家慢慢享用吧，我不能和你们共进晚餐了。”说完，他装了满满两大盘子孩子可能爱吃的佳肴，端到洗手间里。他模仿孩子的样子，也把餐盘放到马桶盖上，也坐在地上，然后对孩子说：“这么好的一个单间和美食，你一个人独享就可惜了，来来来，让我们一起吃晚餐。”

主人和孩子一边吃着东西一边唱歌，也聊了很多话题，他让这个四岁的孩子坚信，他的母亲是世界上最勤劳、最伟大的母亲，他不但应该为她感到骄傲，长大以后还要为她做很多事情，而孩子也一直不知道他的母亲仅仅是佣人。

客人们发现主人端走两大盘子食物后，再也没回来，觉得蹊跷，也去寻找，当他们看到情同父子的两个人坐在地上，围着马桶盖吃东西的场面，被深深震撼了。这些被称为上层人士或社会精英的人们，端着酒杯和美味纷纷赶过来，很快把洗手间挤满了，大家给孩子唱了好多好听的歌曲，表达了太多美好的祝愿，这些都让这个孩子确信，他的母亲是最令人尊敬的母亲，而他，则是世界上最幸福的人。

很多年后，这个孩子长大成人，他不但拥有了自己的事业，也买下了拥有几间洗手间的大房子，进入到上流社会。每年，他以匿名方式捐很多钱给穷人，但从不举行捐赠仪式或接受采访，他对始终不理解的朋友们说：“我永远忘不了在很多年前的某一天，有一位富人和很多好心人，小心地维护了一个四岁孩子的自尊。”

这是一个让人热泪溢眼，心却温暖的故事。可爱的人们用善良之心维护了一个四岁小男孩的自尊，当孩子得到别人的尊重时，他也学会了尊重别人。故事更让我们深思的，是对待弱者的态度，主人没有将孩子请到富丽堂皇的餐厅，光彩照人的客人们都挤到了小小的卫生间，他们共同维系着孩子母亲的“谎言”，不让孩子知道自己的地位与来宾相比是多么的低微，“小心地保留了孩子的自尊”，这才是真正的尊重他人。设想，如果他们对孩子以“贵宾”相待请上餐桌，当孩子走出洗手间时，当他知道母亲是佣人，自己竟被母亲欺骗，他是如此贫困时，他还如何保有那份自尊？一个没有得到尊重和善待的心灵，在长大后又怎会懂得尊重和善待其他人？

有人说：“尊重，就像一个善解人意的小姑娘，她会心的微笑叫理解，她淳朴的心灵叫高尚；尊重又像一位德高望重的学者，饱含待人处世的智慧，尽显人格操守的高贵！”孟子也有云：“爱人者，人恒爱之；敬人者，人恒敬之。”这些都强调了尊重他人的重要性。

作为大众中的一员，每个人都是社会成员之一，人人都有平等地位，权势大小、财富多少都不可以侵害公民的平等地位和民主权利。因此，人与人之间应相互尊重。懂得尊重他人，是做人最起码的一种道德要求。懂得尊重他人，是每个人不可或缺的素质，是对他人人格与价值的充分肯定，同时，也是赢得他人尊重的基础。

在现实生活中，有些人只要求别人尊重自己，却不懂得尊重别人。

不尊重他人的人，无视他人的存在，或者见到他人总不顺眼。嘲讽人、诋毁人、训斥人、谩骂人也就成了他们的习惯。

不尊重他人的人，整天挑他人的毛病，要人家忍气吞声，而自己的毛病却谁也不能说。只要有人开个头，他便火冒三丈，强词夺理，予以“反击”。也有习惯玩“阴”的，虽当面无所“表示”，事后却找机会给人“穿小鞋”或借助权势变相打击报复。

不尊重下属和同事的领导认为自己是“人上人”，膨胀的官欲使他们根本忘记了地位和权力是国家给予并服务于人民的。所以，养尊处优，脱离群众，听不得群众的意见。“一言堂”“一支笔”成为他们为官谁也不可动摇的规矩，久而久之，发展到无视党纪国法的地步，哪有不“落马”之理？

现在，从事家政服务的人越来越多，他们都是背井离乡、生活困难、来大城市“卖苦力”的弱势群体，凡接受他们服务的家庭与个人都应给予他们平等的尊重，使他们感受到社会的温暖和人间的真情。如果雇用他们的主人把他们视为旧时的“长工”“使唤丫头”，动不动就训斥、刁难甚至虐待，哪还有平等可言？

古今中外，凡受人拥戴的领袖和为人类作出巨大贡献的成功者，在他们辉煌的人生中，尊重广大人民群众都是他们的闪光亮点。正因如此，人心所向，得道多助，他们才会揭开历史前进的光辉篇章。

当然，相互尊重，尊重的是“是”而不是“非”，任何时候都要坚守道德底线，不与“非”同流合污。在这样的基础上，人与人之间就能建立时代需求的相互尊重、和睦相处的新型关系，社会就会越来越和谐美好。

就算别人有某些地方比不上自己，我们也不能用傲慢和不敬的话去伤害别人的自尊；如果自己在某些方面有所欠缺，我们也不必以自卑或嫉妒的心态去代替应有的自尊，只有真心懂得尊重别人的人，才能赢得别人真心的尊重，从而以光辉的人格魅力和良好的人际关系，一步一步走向成功。

轩辕悟道

在如今的社会，人人平等，没有贵贱之别，只有灵魂高度的差异，只有道德品质的优劣。而且世界上没有谁是尽善尽美、完美无瑕的，我们没有理由以高山仰止的目光去审视别人，也没有资格用不屑一顾的神情去嘲笑他人。所以我们要学会尊重别人，尤其尊重弱势群体，是做人的基本素养和当今社会所崇尚的道德境界。

第二十二章

传递正能量，共铸中国梦

正能量和思考力是孪生兄弟

每个人都想拥有正能量以使人生成功幸福，但这并非易事，无论是在我们学习、工作还是创业的过程中，总会遇到各种各样的障碍阻挡我们前进的脚步。要想攀上成功的巅峰，搬开那些挡路的绊脚石是必须的，但能否扫除自己前进道路上的障碍关键在于能否借助思考力，思考力是正能量的孪生兄弟，是财富、是力量、是拥有一切的先决条件，是成功不可或缺的资本。它可以帮助你扫除成功路上的所有障碍，从而打开成功之路，实现自己的梦想。

古人云："学而不思则罔。"力学之父牛顿说："如果说我对世界有些微贡献的话，那不是由于别的，只是由于我的辛勤耐久的思索所致。"伟大的科学家爱因斯坦也曾指出："只用你的眼睛看东西，那是不会发现什么的，还要用你的心思考才行。思考力是破疑解惑的利刃，是开启心智的钥匙。没有思考力就无法创新。"

作为万物的灵长，除了和动物有语言、情感的区别之外，最重要的区别是人具有思考力。思考力是无价的宝藏，世间一切触手可及的东西，无一不是思考的产物。任何东西的发明和创造都必须经过思考力的大门。纵观古今中外的成功者，都是一个思考家。他们所取得的每一个胜利，无一不是思考的战利品。没有思考就没有他们的丰功佳绩；没有思考就没有人类创造的所有奇迹！每个成功者都是一个敢思、爱思和善思之人，正是思考成就了每一个成功者，也正是思考的力量才铸造了他们成功人生的辉煌！

英国微细菌学家弗莱明一天早晨走进实验室时，发现培养皿中的葡萄球菌被偶然从窗外飞入的霉菌污染了。按照惯例，他只要把被污染的培养皿洗干净，重做一次实验就行了。可是，弗莱明并没有忽视这一熟悉的现象，经过观察，他又发现，霉菌周围的葡萄菌已褪色，弗莱明思考着：是不是霉菌的某种分泌物抑制了葡萄菌的生长呢？经过进一步思考研究，他终于发现了青霉素，为开辟微生物医药工业的广阔天地奠定了基础。弗莱明的成果公布之后，日本科学家古在由直极感遗憾，因为在那以前，他也曾经在实验室里见到同样的现象，由于熟视无睹，没有多“想一想”，结果失去了产生重大成果的宝贵时机。

经常思考问题的人，头脑复杂，反应敏捷，接受新事物快，思路宽阔，富有主见，做事容易成功。不动脑筋的人，头脑简单，反应迟钝，接受新事物慢而且困难，思路狭窄，容易依赖盲从，做事不易成功，在新事物面前无所适从。这就是韩愈所说的：“行成于思，毁于随。”鲁迅强调“多思”说：“静观默察，烂熟于心，然后凝神结想，一挥而就。”他的成就，就是他平日“凝神结想”、费尽心思的结果。

在日常生活中遇事多想一想就很可能获得意外的创造性成功。

我国山西有个叫赵跃荣的农民，有一次，在地头发现一株被篱笆弄弯枝头的番茄树，果实结得特别好，一层一层，红到顶部，而其他的番茄，尽管株株挺直，但在采摘第三颗后，余下的果子就很难成熟。赵跃荣心想：这是什么原因呢？经过苦苦的思索和试验研究，原来经弯头处理的植株能消除顶端优势，促进营养供给和刺激生长。思考和试验研究找出原因后，赵跃荣尝试一种“V型栽培法”，结果发现这种方法能提高番茄产量。不久，这项技术很快在全国不少地区推广，被国家科委列为投资少、效益好的“科技兴农星火计划项目”，并被拍成科教片《番茄V型栽培法》发行到世界100多个国家。

世界各国许许多多的科学家、医生和研究人员曾致力于人类大脑的研究。他们发现，人类的大脑就像一个小宇宙，有着无穷的能量，异常神秘。斯坦福大学的罗伯特·奥恩斯坦在其所著的《奇妙的大脑》中就曾指出，神经细胞之间的可连接的数目可能要比宇宙中的原子数还要多。

英国作家、心理学家托尼·巴赞一针见血地指出：“你的大脑就像一个沉睡的巨人。”那么，如何才能让这位沉睡中的巨人苏醒呢？

心理学实验证明：人脑每思考一个问题，就会在大脑皮层上留下一个兴奋点，思考的问题越多，留下的兴奋点也就越多。然后这许许多多的兴奋点就会形成一个类似于网络的东西，每当你遇到新问题时，只要触动一点，就会牵动整个网络进行相关搜索，以此来解决问题。

那么，我们如何才能提高自己的思考力呢？

1. 善于控制自己的感情

人是一种情绪动物，情绪能成就一个人，也能毁了一个人。因此，在遭遇失败或者挫折的时候，我们首先要控制住自己的感情。要知道，人只有在理智、清醒的状态下才能想出好办法；无论是冲动还是不知所措，都将影响到自己思考能力的发挥。当你面临挫折和逆境时，如果冷静下来，调整一下心态，然后仔细地分析遭遇挫折的原因，就不难找出解决问题的办法。

2. 不断地学习，扩大知识面

要想在问题面前想出好办法．还需要具备一个条件：具备足够的知识。而要想具备足够的知识，就必须不断地进行学习。比如去各种培训机构充电、向自己的前辈学习、向自己身边的人学习等。

3. 改变思维模式，改变思路

遇到问题的时候不要只按自己现有的思考模式去思考，而应根据实际情况换一个角度、换一种思路去思考。

4. 征求别人的意见

在我们确实不知道该怎么办的情况下，征询别人的意见也能给自己提供一个方向。不过在征询别人意见的时候要注意取精华、去糟粕。

思考力是正能量的孪生兄弟，能让一个陷入绝境的人绝处逢生，也能让一个濒临破产的企业重新焕发生机，还能让一个悲观失望的人开创灿烂的新天地。让我们学会运用思考力、善于运用思考力，在思考中提升自己的智慧，在思考中增长自己的正能量。让我们运用自己思考力的智慧，传递自己的正能量，相信你一定会孕育出一个可喜的成功！

轩辕悟道

不断地提高思考力，才能使脑细胞的细微结构发生变化，才能在大脑皮层中形成更多的兴奋点，才能使大脑对信息的储存、提取和控制能力有所加强，使大脑更加灵活、敏捷，反应更快，更有正能量。所以不断地学习和加强自身的修养，善于听取别人的意见和经常反思、思考的习惯，都会有利于提高我们的思考力。

积聚正能量，变得快乐起来

人生在世，难免会遇到风风雨雨、沟沟坎坎。这些让人烦恼、紧张不已的事情会影响人们的情绪，导致人们失望、痛苦、郁闷、仇恨等等。假如久久停留在这些紧张、不快乐的情绪无法走出来，不能摆脱这些灰暗的、负面的情绪，那么，我们的工作、生活、健康都将受到极大的威胁，人生将失去色彩和价值。

全世界的医学专家都指出：抑郁症已经是全球危害人类的第五大杀手，排在心脏病后面。抑郁症的真正危害在于，由于它导致人们对生活失去所有的快乐，相当大的一部分人最终会选择自杀。少数抑郁症患者还会杀害他人。医学数据显示，中国现在的抑郁症患者，在没有治疗的情况下，15%会选择自杀。全世界自杀比例最高的国家是日本。在欧洲，全部自杀人群中，30%以上是抑郁症患者，美国的数据则超过50%。

你是否时常会紧张苦恼？你是否时常会很难入睡且睡不香？你是否时常会感到心烦意乱？你是否时常会感到无故害怕且畏首畏尾？如果有两个以上的肯定答案，那么，你极可能已经在不知不觉中掉入负能量的陷阱中了。倘若你不能及时积聚正能量，那么，你只能在这负能量的牢笼里，眼睁睁地看着心灵凋谢、健康消逝、快乐不再、成功不来而一筹莫展。

我有一位学员在工作之余，曾参加过某大学的培训课。课堂上，教授问："什么是你们心目中的人生美事？"同学们不假思索争先恐后地说："健康、才能、美丽、爱情、名誉、财富……"

教授不以为然地摇着头，说："你们忽略了最重要的一项。没有它，即使得到上述种种也会给你带来可怕的痛苦。"

接着，教授在黑板上写下："积聚正能量，变得快乐起来。"

当时她和其他同学一样，都曾怀疑这几个字是否真的如此雷霆万钧。几年后，经过工作变动、爱情变故、人际危机，受过苦痛、挣扎、煎熬的她，终于深刻地体悟到：积聚正能量，变得快乐，就是破除烦恼与痛苦的牢笼，解去浮华与虚荣的负担；积聚正能量，变得快乐，就是除去昨日的杂草，清理积压的污染；积聚正能量，变得快乐，就是耕耘肥沃的心田，播种幸福和成就。

美国心理学博士凯伦·撒尔玛索恩女士说："我们的生活有太多不确定的因素，你随时可能会被突如其来的变化扰乱心情。与其随波逐流，不如有意识地培养一些让你快乐的习惯，随时帮助自己调整心情。"

根据经验和综合考察，我总结了十个积聚能量，让人变得快乐的小习惯，坚持下去，你会发现全新的自我，你会感受内心深层的快乐。

1. 学习

学习会使你的正能量永不枯竭。请记住一位名人关于学习的论述吧："当你感到悲哀痛苦时，最好是去学些什么东西。学习会使你永远立于不败之地。"你可以学习自己感兴趣的，也可以读名人传记，比如彪炳史册的伟大政治家、军事家、哲学家、科学家、文学家、诗人、画家……每一个人都是一个世界，名人们的世界则更为丰富、深邃。每一个成功者的背后，都饱含着数不清的汗水、泪水、心血、挫折和痛苦。读名人传记，能从名人身上汲取力量，汲取生活的勇气。

2. 日行一善

多做善事除了有益他人外，也能让你对自我有更多的认同感，更多的成就感，内心的焦虑和负面情绪也能在这个过程中得到缓解。

3. 定期运动

运动能刺激大脑分泌内啡肽。内啡肽也被人们称为"快乐激素"或者"年轻激素"，它能让人感到欢愉和满足，甚至可以帮助人排遣压力和不快。一般认为，中等偏上强度的运动，比如健身操、舞蹈、跑步、登山、羽毛球等，运动 30 分钟以上就能刺激内啡肽的分泌。

4. 均衡的营养

营养在帮助你增强健康的同时，也积聚了正能量，提高了抗压力和免疫力。

5. 有意识地去播种积极的想法

每一天，当你睁开眼，你就开始随时准备在负面想法出来的时候练习——对生活中的所有事物。感恩你的健康、感恩你的家庭、感恩你的工作、感恩你的朋友、感恩帮助和提点过你的人，感恩你一天中的所有美好！你的每一次"谢谢你"都是一种积极的想法。如果你播种越来越多的积极想法，那些负面想法就会被转化为机会，使你更能吸引、发现和把握住。因为你已经将想法专注在积极的方面，你的专注力终有一天会转换成

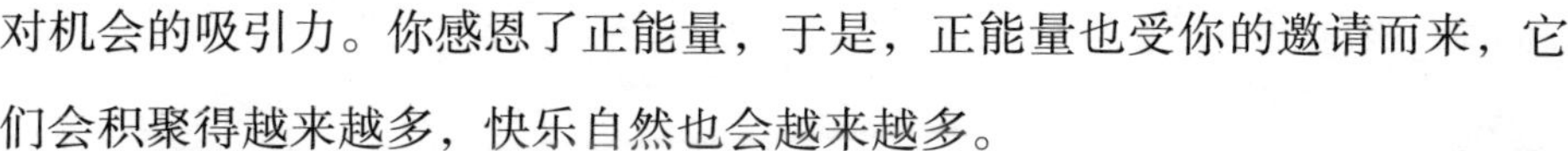

对机会的吸引力。你感恩了正能量，于是，正能量也受你的邀请而来，它们会积聚得越来越多，快乐自然也会越来越多。

6. 发现他人的优点

发现他人的优点和赞美他人都可以起到相似的作用。如果你总是去寻找别人身上最好的东西，就会让你对他人留有美好的印象，促进自我的学习。同时，也会使他们对自己有良好感觉，促使他们成长，努力做到最好。你就会因此而更有正能量，更快乐。

7. 文艺爱好广泛

用各种文艺活动，把自己的生活安排得相当充实，会陶冶情操、丰富趣味、美满生活。

8. 快乐日记本

养成每天写日记的习惯，记下每天的快乐心情，使你快乐的人物和地点。不开心或有兴致时拿出来重温，留住生活中美好的时光，提醒自己千万不要将不快乐的负能量带到第二天。

9. 做出快乐的表情、举动、行为

你会发现身体传递给心灵的正能量，激发了你的快乐感。

10. 想象快乐

运用我们的第六感和意志力，乐观的想象着经过努力后所带来成功的美好情景，让自己经常有着正面的思想，也会在不知不觉中使你越来越有正能量、越来越快乐。

积聚正能量，变得快乐能给人带来生机和活力，能击退萎靡和颓废，让弱者变得坚强，让强者富有韧性，让智者更感幸福，让仁者更具祥和。

不管你心情忧虑还是郁闷，不管你是希望生活如星空般平静，还是希望生活如花园般绚烂，只要你不断地积聚正能量，并积极行动给自己营造快乐心境，你会发现灰暗、烦恼、消极都在消逝，而幸福和美好却时刻陪伴在你左右，让你的一切向好的方向转变，你的生命也因此拥有你期盼的绚丽光彩。

轩辕悟道

实验证明，人在充满正能量的快乐状态下，头脑敏锐，精力充沛，处事妥善，效率也高，机体新陈代谢旺盛，免疫调解功能处于良好状态，防御功能较强。反之，则会处于忧郁、悲伤、烦恼、焦虑之中，尤其遇事不能冷静，恼怒、激动，直接影响到生理功能的正常运转。于是心灵被拴上枷锁，生活被抹去色彩，创意被扼杀，甚至感觉快要窒息。所以，我们要想过一个快乐的人生，就要有积极的心态，集聚让我们快乐的正能量。

进入最佳状态，让正能量源源不断

状态是指人或事物表现出来的形态。在科学技术中，也指物质系统所处的状况。也指各种聚集态，如物质的固、液、气等态。

生活中，我们常常听到人们怨叹状态不佳：比赛失败了，因为状态不佳；被炒鱿鱼了，因为状态不佳；生活没兴致，因为状态不佳；心情不美妙，因为状态不佳……状态不佳似乎已经成为了夺走我们欢笑、幸运、健康的罪魁祸首。相反，当我们进入最佳状态时，正能量会源源不断地注入身心，使我们朝气蓬勃、兴高采烈、积极快乐、不屈不挠，化压力为动力，化动力为打败困难的“杀伤力”，创造出人生的奇迹。

瑞士有个96岁的马德祖·博雷尔老人，她自从在电视机上看到了现代热气球、三角翼滑行器和斜坡降落伞后，就常在家人面前叨叨，说她非常想试试。家人起先以为她在开玩笑，但后来经不住老人多次软磨硬泡，终于答应让她乘一次斜坡降落伞作为给她的生日礼物。

这一天，马德祖·博雷尔兴致勃勃地在家人和医生的陪同下出发了。她的医生还是有些担心，因为起飞点海拔高达1450米，而一般说，这样年龄的老人爬高不应超过海拔1200米。老人不但没有不适反应，还爬了一段汽车不能行驶的山路。路边休息的游客给她让座，她却回答说："我今天不是来坐的，是来飞的。"她戴上头盔，穿上夹衣，脸上没有半点胆怯。陪她飞行的两位助手在斜坡上助跑了十来米，降落伞就起飞了……

20分钟后，马德祖·博雷尔降落在日内瓦湖畔的小城维尔纳夫。她兴奋异常地对跑来迎接她的家人说："真是棒极了！太漂亮了！我像鸟一样自由飞翔，从空中看到了我熟悉的城堡、湖心岛屿和湖底的水草，只是时间太短了！"

这位96岁的老人乘着降落伞像鸟一样在蓝天上飞翔，从高处俯视自己的家乡——日内瓦湖，创造了一项吉尼斯纪录。在她的身上我们看到的是生命之欢乐、孩童之天真，是最佳状态激发出来的勇气和意志，是正能量源源不断的奇迹。

显然，最佳状态不是外表，而是心境；最佳状态不是桃面、丹唇、柔膝；而是正确的思考、深沉的意志、幸福的情感、积极的态度。最佳状态气贯长虹，勇锐盖过怯弱，是正能量源源不断注入、涌现和传递的神奇"聚宝盆"。一个人能进入最佳状态，依靠的不是任何外物，而是积极的心态。

古时候，有一个叫列子的射箭高手，每次射箭时总是志得意满，即使把一杯满满的水放在他的胳膊肘上让他射箭，他也能百发百中，且杯中之水一滴不洒。

有一个人觉得这并不是射箭的最高境界，就让他站在悬崖边试一试。果不其然，当列子站在悬崖边时，刚刚的气定神闲变成了战战兢兢、汗流泱背。

我们想一下，为什么会这样呢？难道是他的箭术不好吗？不是，他的箭术没变，只是他的心态发生了改变。

这个故事告诉我们，生活中决定我们成功的，绝不仅仅是我们的才能和技巧，还包括我们面对事情的心态。在做一件事时，如果我们不能保持积极的心态，而被外部的环境所影响，那么我们就不能以最佳的状态投入到这件事情中去。

正如哲人所说的那样："心态若改变，状态跟着改变；状态改变，习惯跟着改变；习惯改变，性格跟着改变；性格改变，人生也就跟着改变。"

世界上的万事万物，人都可以用两种观念来看。一种是积极的，另一种是消极的。是烦恼、沮丧，还是欢喜、平静，全在于人的一念之间，全在于我们如何看待它。

哲言说："你相信什么，你就会成为什么。"换句话说，人们相信会有什么结果，就会引发什么结果。人不可能拥有自己并不追求的成功。生活中，失败平庸者多，主要是心态有问题。遇到困难，他们总是挑选容易的倒退之路。"我不行了，我还是退缩吧。"结果陷入失败的深渊。成功者遇到困难，仍然保持积极的心态，用"我要！我能！""一定有办法"等积极的意念鼓励自己，于是便能想尽办法，不断前进，直至成功。

因此，成功学的始祖拿破仑·希尔说："一个人能否成功，关键在于他的心态。"成功人士与失败人士的差别在于前者有积极的心态。

那么，怎样培养和加强积极心态，使我们能随时进入最佳状态，让正能量源源不断呢？必须从以下几个方面做起：

1. 提出积极问题

这是改变情绪最有效的方法。有什么样的问题就会有什么样的答案，唯有能提出好问题，才能得到好的答案。

2. 用美好的信念去影响别人

随着你的行动与心态日渐积极，你就会慢慢获得一种美满人生的感觉，信心日增，人生的目标感也越来越强烈。紧接着，别人会被你吸引，因为人们总是喜欢跟积极乐观者在一起。运用别人的这种积极响应来发展积极的关系，同时帮助别人获得这种积极态度。

3. 常常从传统文化中汲取心理营养

我国传统文化中蕴藏着丰富的心理养生的原则与手段。如形神并养，养神为主；养神重德，欲贵适度；以静制躁，顺时调神等，其精华就是精、气、神三者有机的完美结合。这些都为人们提供了缓解心理紧张，调适不良性格和脾气的良药，对于维护心理健康，激发积极心态，从容应对知识经济时代的心理挑战是非常必要的。

4. 培养奉献的精神

曾经派往非洲的医生及传教士阿乐伯特·施惠泽说："人生的目的是服务别人，是表现出助人的激情与意愿。"他意识到，一个积极心态者所能做的最大贡献是给予别人。研究也证明：一旦思想集中于服务别人，就马上变得更有冲劲，更有力量。

5. 从事有益的娱乐与教育活动

观看介绍自然美景、家庭健康以及文化活动的录像带；挑选电视节目及电影时，要根据它们的质量与价值，而不是注意商业吸引力。优质意味着能开发出更多的潜能。

6. 多和乐观者交流与相处

不要因好奇而浪费时间去仔细阅读悲惨新闻，多看、多听积极的书籍和音乐。如果可能的话，多和乐观者交流与相处。

7. 培养一生的信仰

信仰作为人类思想的灵魂和心灵秩序中的先验结构，关系着一切的成败。若我们有着科学的正向信仰，我们就会运用信仰中的精神知识，引导意识朝健康有益的方向转变，避免错误意识带来的困扰和失败。

太阳因为积极，才最终冲破重重迷雾，光耀万里；江河因为积极，才流泻千里，直达翰海；小草因为积极，才野火不尽，绿茵满地。我们常在困境之中，以为山穷水尽；我们常在逆遇之时，以为走投无路。其实，人的潜能价值无比，创造力也是无穷无尽的。只要从根本出发，保持和加强积极心态，你就能随时进入最佳状态，让正能量源源不断，从而改变局面，扭转乾坤，拥抱和谐、幸福、成功、美好的圆满人生！

轩辕悟道

无数成功人士的奋斗历程都有一个共同的结论：成功是由那些抱有积极心态的人所取得的，并由那些以积极的心态坚持不懈的人所保持。拥有积极的心态，即使遭遇困难，也可以进入最佳状态，并能获得帮助，办事顺畅；而消极的心态却是失败、颓废、消极的源泉。因此我们可以使用文中提到的保持正能量的方法，让自己永葆积极的心态，并发挥自己无限的创造力，让正能量源源不断。

附　录

学习中国梦，传递正能量

1. 习近平主席提出的指导思想

中国梦，是中国共产党召开第十八次全国人民代表大会以来，习近平总书记所提出的重要指导思想和重要执政理念，正式提出于2012年11月29日。习总书记把“中国梦”定义为“实现中华民族伟大复兴，就是中华民族近代以来最伟大梦想”，并且表示这个梦“一定能实现”。“中国梦”的核心目标也可以概括为“两个一百年”的目标，也就是：到2021年中国共产党成立100周年和2049年中华人民共和国成立100周年时，逐步并最终顺利实现中华民族的伟大复兴，具体表现是国家富强、民族振兴、人民幸福，实现途径是走中国特色的社会主义道路、坚持中国特色社会主义理论体系、弘扬民族精神、凝聚中国力量，实施手段是政治、经济、文化、社会、生态文明五位一体建设。

2. 概念阐释

2012年11月29日，在国家博物馆，中共中央总书记习近平在参观“复兴之路”展览时，第一次阐释了“中国梦”的概念。他说：“大家都在讨论中国梦。我认为，实现中华民族伟大复兴，就是中华民族近代以来最伟大的梦想。”他称，到中国共产党成立100年时全面建成小康社会的目标一定能实现，到新中国成立100年时建成富强民主文明和谐的社会主义现代化国家的目标一定能实现，中华民族伟大复兴的梦想一定能实现。

2013年3月17日，中国新任国家主席习近平在十二届全国人大一次会议闭幕会上，向全国人大代表发表自己的就任宣言。在将近25分钟的讲话中，习近平9次提及“中国梦”，44次提到“人民”，共获得了10余次掌声，有关“中国梦”的论述更一度被掌声打断。

指定群体：2013 年 3 月习近平在接受金砖国家媒体联合采访时谈到，中国人民发自内心地拥护实现中国梦，因为中国梦首先是 14 亿中国人民的共同梦想。

中国梦的特色：中国梦的最大特点就是把国家、民族和个人作为一个命运的共同体，把国家利益、民族利益和每个人的具体利益都紧紧地联系在一起。

梦想系列：自 2012 年 11 月推出中国梦后，全国各地纷纷作出响应，相继推出了行业梦与各地的地方梦，掀起了梦想热潮。梦想系列分别有：强国梦、强军梦、体育强国梦、中国航天梦、中国航母梦、河南梦、四川梦、贵州梦、湖北梦、湖南梦、重庆梦、吉林梦、广东梦、江苏梦、江西梦、云南梦、陕西梦、甘肃梦等。

实现路径：2013 年 3 月 17 日上午 9 时 20 分许，十二届全国人大一次会议闭幕会上，新当选的中华人民共和国主席习近平坚定表示："实现中国梦必须走中国道路，必须弘扬中国精神，必须凝聚中国力量。"

3. 实现举措

"中国梦"关乎着中国未来的发展方向，凝聚了中国人民对中华民族伟大复兴的憧憬和期待；它是整个中华民族不断追求的梦想，是亿万人民世代相传的夙愿，每个中国人都是中国梦的参与者、创造者。

习近平总书记强调，"中国梦归根到底是人民的梦，必须紧紧依靠人民来实现，必须不断为人民造福"。那么，在举国上下共圆"中国梦"的浓厚氛围中，在实现中国梦的进程里，作为党员干部应该做到以下几点：

一是增强学习意识，提高素质能力。学习影响着一个国家的发展走向，决定着一个政党的荣辱兴衰。毛泽东同志曾说："饭可以一日不吃，觉可以一日不睡，书不可以一日不读。"邓小平同志也曾说过"学习是前进的基础"。面对科技进步日新月异、知识更新不断加快、国际形势不断变化，新情况新问题层出不穷，在这样的情况下，只有不断加强学习才能跟上时代的步伐，才能在这个时代立足。广大党员干部应自觉把学习作为一种生活态度、一种工作责任、一种精神追求，加强对理论知识、文化知识、专业知识的学习，树立终身学习的理念；要积极向书本学习、向实践学习、向群众学习，不断提高综合素质，增强创新能力。

二是坚定理想信念，强化为民服务意识。全心全意为人民服务是中国共产党的根本宗旨，是共产党员一切行动的出发点和归宿。广大党员干部要牢固树立全心全意为人民服务的宗旨观念、公仆意识，强化群众观念，始终把实现好、维护好、发展好人民群众的根本利益作为思考问题和开展工作的根本出发点和落脚点，真正做到“权为民所用、情为民所系、利为民所谋”。坚持以党的十八大精神为引领，深入贯彻落实中央关于改进工作作风、密切联系群众的“八项规定”，以党的群众路线教育实践活动为中心，坚持问政于民、问需于民、问计于民、问效于民，践行全心全意为人民服务宗旨，密切党群干群关系。

三是树立实干精神，发挥先锋模范作用。空谈误国，实干兴邦。广大党员干部要带头贯彻落实中央八项规定，以求真务实的作风开展工作，坚持讲真话，讲实话，讲有用的话，不讲空话、套话、假话；要脚踏实地，多接地气，以扎实的工作作风、真切的有效成绩来团结干部、凝聚党心，不断筑牢党群干群关系，深化鱼水深情。同时，要充分发挥党员先锋模范作用，用自己的工作热情来影响带动更多的人，形成上下一心，团结奋进的局面，充分践行“走在前、干在前、争首善、当先锋”的先锋示范精神，争做先锋表率。

梦想源于现实，又高于现实，中国梦的实现，任重而道远。“有梦就有蓝天，相信就能看见。”广大党员干部要以饱满的精神状态、奋发有为的进取精神、脚踏实地的工作作风，开拓创新，努力作为，为实现伟大的“中国梦”而努力奋斗。

4. 基本路线

全面把握群众路线与实现中国梦的内在联系：群众路线体现了党的性质与宗旨，是党的根本工作路线、工作方法和宝贵经验总结。中国梦是凝聚全党全国各族人民团结奋斗的一面旗帜，深刻领会和把握中国梦的精神实质，要求我们深化对党的群众路线的认识。党的群众路线，是马克思主义群众观的一座丰碑，也是我党发展马克思主义群众观的一大创举。随着中国革命和建设实践的不断推进，群众路线的内涵不断丰富，党对群众路线的认识也会不断深化。

5. 必经之路

中国特色社会主义道路的内涵与指向，与民族伟大复兴的宏伟目标是一致的、吻合的，只有经由中国特色社会主义道路，才能实现民族伟大复兴的宏伟目标。

实现中华民族伟大复兴的中国梦，是近代以来国人的理想和追求，而其关键在于选择正确的发展道路。习近平总书记在参观《复兴之路》展览后强调：改革开放以来，我们总结历史经验，不断艰辛探索，终于找到了实现中华民族伟大复兴的正确道路，取得了举世瞩目的成果。这条道路就是中国特色社会主义。在2013年的全国人大会议闭幕会上，习近平主席重申："实现中国梦必须走中国道路。这就是中国特色社会主义道路。"这是历史的结论，也是现实的必然，既指明了实现中国梦的方向，也彰显了坚持中国特色社会主义道路的重要性。

6. 强军之梦

习近平总书记在参观《复兴之路》展览时关于实现民族复兴是中华民族近代以来最伟大梦想的深情解读，在会见驻穗部队领导干部时关于"中国梦"是强国梦也是强军梦的深邃阐释，凝聚了几代中国人的共同夙愿，体现了中华民族和中国人民的整体利益，奏响了中国日益强大不可逆转的时代强音，带给中国人特别是当代中国军人深刻的启迪和极大的激励。

“中国梦”首先是一个“强军梦”。中华民族有着悠久灿烂的文明，长期居于世界文明发展的前列。近代中国的灾难，是从西方列强在军事上比中国强大并欺负中国开始的。

在中国特色社会主义道路上，人民解放军已由昔日的“小米加步枪”，发展成为诸军兵种合成、具有一定现代化水平并开始向信息化迈进的强大军队。

7. 真抓实干成就“中国梦”

“中国梦”凝聚着亿万人民对美好生活的期盼，对民族复兴的希望。全国两会将把党的十八大指出的全面建成小康社会的前景、路径，更加清晰地呈现在全国人民面前。人民的期待需要转化为一项项具体措施，落实到一件件好事实事。唯有真抓，才能直面问题攻坚克难；唯有实干，才能托起民族复兴的伟大梦想。

8. 弘扬中华文化，实现中国梦

党的十八大报告中提出：加强社会公德、职业道德、家庭美德、个人品德教育，弘扬中华传统美德，弘扬时代新风。建设优秀传统文化传承体系，弘扬中华优秀传统文化。习近平总书记在十二届全国人大一次会议闭幕会上发表重要讲话，表示实现中国梦必须弘扬中国精神。这就是以爱国主义为核心的民族精神，以改革创新为核心的时代精神。这种精神是凝心聚力的兴国之魂、强国之魂。

9. 基本要素

中国社科院马克思主义研究院研究员、博士生导师辛向阳指出实现中国梦，需要坚持“五个有”：有路、有魂、有底、有人、有备。

有路是指中国梦的实现有着中国道路的支撑。实现中国梦必须走中国道路，中国道路不是别的道路，就是中国特色社会主义道路。中国特色社会主义道路具有三大优势：社会主义道路的优势，融入经济全球化的优势，民族特色的优势。社会主义道路的一个独特优势是能够在公平的基础上实现广大人民群众的共同富裕，以社会主义来守护社会公正。

有魂是指中国梦的实现有着中国特色社会主义理论体系的指导。中国特色社会主义理论体系具有三大方针：把握趋势、抓住机遇、化解风险。

有底是指中国梦的实现有着中国特色社会主义制度作为基础和可靠保障。中国特色社会主义制度具有三大能力：能集中力量办大事、能成熟踏实成大事、能融合发展干大事。

有人是指中国梦的实现有着广大人民群众这一历史主体。中国人的梦想正是在国家梦、民族梦的实现中不断得以实现的。

有备是指中国梦的实现不会是一帆风顺的，必须时刻准备迎接挑战。在发展中国特色社会主义的过程中实现伟大复兴的中国梦，必须准备进行许多具有新的历史特点的伟大斗争。我们必须树立忧患意识，做好最充分的准备，迎接各种挑战。

10. 宣传教育

（1）教育要求

2013 年 4 月，中宣部、教育部、共青团中央在京召开“深化中国梦”宣传教育座谈会，刘云山说：“深化中国梦的宣传教育，要同中国特色社会主义宣传教育结合起来，同社会主义核心价值体系建设结合起来，同做好当前各项工作结合起来，引导人们坚定理想信念、构筑精神支柱，积极投身实现中国梦的生动实践。要把中国梦的宣传教育融入各级各类学校教育教学之中，融入未成年人思想道德建设和大学生思想政治教育之中，融入校园文化建设之中，做到进教材、进课堂、进学生头脑。”

（2）宣传意义

组织开展广泛深入的中国梦宣传教育，是推动中国梦伟大实践的重要途径，也是宣传思想文化战线义不容辞的使命和责任。切实加强对中国梦重大意义和精神实质的学习宣传，坚持用这一新的重大战略思想武装头脑，指导工作，推动实践，引导各界群众把个人梦融入民族梦，以“我的梦”托起中国梦。

实现中华民族伟大复兴的中国梦，是以习近平为总书记的新一届中央领导集体对全体人民的庄重承诺，是全党全国各族人民共同的奋斗目标。

（3）推广对策

精读细研，学深学透，在准确把握中国梦的精神实质中扩大认知认同。把中国梦的宣传教育纳入各级党委（党组）中心组学习计划和党校、行政学院干部培训课程。

加强宣传，营造氛围，在全社会凝聚形成共筑梦想的强大合力。组织各类媒体，全方位展开宣传报道。

基层政府在参加和部分村社座谈“中国梦”活动时要谨记：提炼“中国梦”，把它浓缩成老百姓易懂好记的宣传口号和标语；培养和选拔一定数量长期工作在基层一线的宣讲员，让他们用群众听得懂好理解的语言去宣讲；摘其精要，印制成宣传卡片，在党员干部和群众中广泛散发。

（4）宣传效果

中国梦宣传组画面向全国发行后，在全党、全军、全国乃至世界范围内都引起了强烈的反响，许多海外华人、华侨来电来函，称赞这是一套很好的宣传画，看后令人兴奋、令人激动、令人鼓舞。浑身充满了无穷的力量，大大激发了强烈的爱国热情。一些干部群众看后，激动地说：“该组画有文有图，文图并茂，看后感染力强，记忆深刻，入脑入心。”

（5）警示口号

——国家不富强，就会被人欺侮；民族不复兴，就无颜担当龙的传人。实现中华民族伟大复兴，不是简单地重寻昔日的荣光，而是要让曾经饱受列强欺侮，还处于发展中国家的中国，到本世纪中叶成为文化繁荣、经济发达、政治昌明、社会和谐、生态文明的社会主义现代化国家。

——民富才能强国，国强是民富最根本的安全保障，民富则是国强的内生动力。人民不富裕，发展就不算成功；人民不幸福，复兴就不算完成。实现中华民族伟大复兴，就是要让中国人民有更好的教育、更稳定的工作、更满意的收入、更可靠的社会保障、更高水平的医疗卫生服务、更舒适的居住条件、更优美的环境，让我们的孩子们成长得更好、工作得更好、生活得更好。进一步说，就是要让中国人民过上更加富裕、更有尊严的生活，实现每个人自由而全面的发展。

——处于伟大复兴进程中的中国，在追求本国利益时兼顾他国，在谋求本国发展中促进各国共同发展；处于伟大复兴进程中的中国，坚持把本国人民利益同各国人民共同利益结合起来，以更加积极的姿态参与国际事务，共同应对全球性挑战，共同破解人类发展难题。一句话，“中国梦”不仅是属于中国的，也是属于世界的！

11. 主要动力

2012 年 11 月 15 日中共新一届领导集体上任以来，“中国梦”一词正式进入官方词汇并迅速走红。

所谓“共同支点”，首先应考察梦想的动力源。既然是一个梦想，那么它必然是关乎人们尚未实现但又在努力争取实现的事情，并由此催生强烈的奋斗动机和动力。

中国人民实现中国梦的愿望是强烈而迫切的，这也从宏观角度有力解释了为什么实行改革开放才 33 年的中国，却已经取得了突飞猛进的跨越式进步。

“中国梦”的主要动力有三大来源：第一，追求经济腾飞，生活改善，物质进步，环境提升；第二，追求公平正义，民主法制，公民成长，文化繁荣，教育进步，科技创新；第三，追求富国强兵，民族尊严，主权完整，国家统一，世界和平。

在三大动力来源的基础之上，中国有远见、有胆识、有智慧、有爱国情操的公民、团体及领导人，应该及时准确地找到整合协调这三大动力源的共同支点，形成发展进步的兼容合力，造就众志成城的“中国梦”。

12. 发展历程

实现中华民族伟大复兴的“中国梦”，是随着另一场梦的破碎产生的：长期以来，中华文明以其独有的特色和辉煌走在了世界文明发展的前列，为世界文明进步作出过巨大的贡献。然而，随着资本主义生产方式的兴起，随着近代工业革命脚步的加快，中国很快落伍了。故步自封的封建统治者仍然沉浸在往日的辉煌所造就的梦想之中，等待着“万国来仪”。不料，等来的却是西方列强的船坚炮利，等来的却是亡国灭顶之灾。

在唤醒中华民族萌发出中国梦的过程中，无数仁人志士屡踣屡起，不懈探索奋斗。然而真正把中国人民和中华民族带上实现“中国梦”的人间正道的，是中国共产党。

中国共产党自1921年诞生之日起，就在华夏大地掀起了一场前所未有的彻底反帝反封建的新民主主义革命。在这场史无前例的伟大革命中，中国共产党在摸索中迅速成长，经历了一次又一次血与火的考验。从大革命失败的血雨腥风到井冈山的星火燎原，从第五次反“围剿”失败到经过万里长征后在抗日烽火中再起，从奋起反击国民党军的全面内战到五星红旗在天安门广场冉冉升起，正可谓“雄关漫道真如铁，而今迈步从头越”！

从1840年起，中华民族为实现中国梦，整整走过了109年，才迈出了赢得民族独立、人民解放的第一步。前80年间，中国人民始终在黑暗中探索。直到中国共产党诞生，在党的带领和奋斗下，才把中国从黑暗引向了光明。在整个中国革命中，中国共产党为了实现“中国梦”牺牲了数百万优秀党员，中华民族牺牲了上千万英雄儿女，英烈们的鲜血染红了五星红旗。对于这段历史、对于为这段历史而献身的先烈，中国人要永远铭记。

新中国成立伊始，毛泽东同志等老一辈革命家就带领中国共产党和全国各族人民，为建设一个繁荣昌盛、各族人民当家做主的社会主义现代化国家而奋斗。

为建立起具有中国自己特点、适合中国国情的社会主义根本制度，首先是要建立起以工人阶级为领导、工农联盟为基础、最广泛的人民民主统一战线为纽带的人民民主专政的国体。这一国体的建立，使新中国有可能在对极少数敌对势力实行专政的同时，在人民内部实行最广泛的民主。在此基础上，逐步建立了人民代表大会这一根本政治制度和中国共产党领导的多党合作和政治协商制度、民族区域自治制度，以及以公有制为主体的社会主义经济制度。

然而，探索的道路并不平坦。在一个经济文化落后的东方大国实行彻底的民主革命并取得胜利固然不易，将这样的大国穷国建设成社会主义现代化国家更是一件前无古人的伟业。实现伟大的梦想，想要一帆风顺，没有牺牲，不付出代价，是难以想象的。“大跃进”和“文化大革命”的发生，就是这样的沉痛教训。

同以往历次犯错一样，从失误中警醒，并以对人民、对历史高度负责的态度彻底纠正错误的，不是别人，而是中国共产党。

党的十一届三中全会以来，邓小平同志一面坚持和发展毛泽东思想，实事求是地纠正毛泽东同志晚年所犯错误，实事求是地充分肯定毛泽东同志的历史地位和伟大功绩，一面应对新问题、解决新问题，开创了改革开放和中国特色社会主义事业。改革开放极大地改变了中国的面貌，在华夏大地再一次掀起了一场前所未有的深刻革命，极大地解放和发展了社会生产力，创造出令世人惊叹的中国奇迹。

中国人民建立和完善了社会主义市场经济，极大地解放和发展了社会生产力，形成公有制为主体、多种所有制经济共同发展的基本经济制度新格局。经济总量跃居世界第二位，人民生活水平实现从温饱到总体小康的历史性跨越。

中国特色社会主义建设，随着道路的拓展、理论的创新不断向前发展，总体布局从经济建设、政治建设、文化建设三位一体发展为四位一体，又发展为经济、政治、文化、社会、生态文明建设五位一体。中国特色社会主义道路越走越宽广。

改革开放新时期全部成就归结到一点，就是开辟中国特色社会主义道路，形成中国特色社会主义理论体系，确立中国特色社会主义制度。它们“三位一体”，分别以实现途径、行动指南、根本保障共同支撑着中国特色社会主义伟大实践，形成了最鲜明的中国特色、中国经验。有了道路、理论、制度支撑的“中国梦”距离我们不再遥远，它是必定实现的美好未来。

从新中国成立之日起，我们就在为实现“中国梦”经历着第二个一百年。在这第二个一百年，我们经历过近30年的建设、探索与曲折，以党的十一届三中全会为起点，走上了中国特色社会主义康庄大道。在我们的前面，还有36年的新征程，将要达到两个一百年的奋斗目标，即在中国共产党成立一百年时全面建成小康社会，在新中国成立一百年时建成富强民主文明和谐的社会主义现代化国家。

党的十八大最重要的历史性贡献，就是提出了凝聚党心、体现民意的行动纲领，推举出带领全国各族人民继续前进的新一届中央领导集体。这个行动纲领概括起来，就是要以马克思列宁主义、毛泽东思想、邓小平理论、“三个代表”重要思想、科学发展观为指导思想，坚定不移地坚持中国特色社会主义道路、理论体系、制度，为全面建成小康社会而奋斗。

13. 继承发展

坚持走中国特色社会主义道路，就是我们的复兴之路、追梦之旅。我们要朝着“中国梦”曙光初绽的方向奋勇前进，开创祖国更为光明的复兴前景。

一要勇于冲破陈旧观念的障碍。

二要勇于突破利益固化的藩篱。

三要勇于发扬真抓实干的作风，空谈误国，实干兴邦。

14. 深刻内涵

梦想是激励人们发奋前行的精神动力。当一种梦想能够将整个民族的期盼与追求都凝聚起来的时候，这种梦想就有了共同愿景的深刻内涵，就有了动员全民族为之坚毅持守、慷慨趋赴的强大感召力。实现中华民族伟大复兴，是全体中华儿女的伟大梦想和共同愿望，也是中国近现代史的主题。

中国在人类社会发展史上曾经长期处于领先地位，但进入近代以后，逐渐落伍了。1840 年以后，由于西方列强的入侵和满清王朝的腐朽，中国一步步沦为半殖民地半封建社会。在绝境中猛醒、在苦难中奋起的中华民族，为民族大义所激奋，日益紧密地凝聚在民族复兴的伟大旗帜下，中华民族向前、向上的生命力日益强劲地迸发出来。为了改变国家和民族的命运，一批又一批仁人志士进行了艰辛努力和不懈探索。然而，从太平天国到洋务运动，从戊戌变法到辛亥革命，都没有完成救亡图存的历史使命。实践证明，不触动封建根基的自强运动、旧式的农民起义、资产阶级革命派领导的民主革命，都无法改变中国的命运。

正当中国人民不断失败又重新奋起之时，十月革命一声炮响，给中国送来了马克思列宁主义。1921 年，中国共产党应运而生。中国共产党自诞生之日起，就自觉肩负起实现中华民族伟大复兴的神圣使命，团结带领全国各族人民完成了民族独立和人民解放的历史任务。新中国成立之后，中国共产党又带领人民实现了从新民主主义到社会主义的过渡，开始了在社会主义道路上实现中华民族伟大复兴的历史征程。“中国梦”在中国近现代史上日益呈现出光明的色彩。

15. 实现目标

一是两个百年的发展战略。即中国共产党成立一百年时全面建成小康社会，新中国成立一百年时建成富强民主文明和谐的社会主义现代化国家。

二是重现中华民族在历史上的兴盛状况。中华民族是个有着几千年历史的伟大民族。而在这其中汉民族早自秦汉就进入盛世。作为其载体的古代中国曾以世界上头号富强大国“独领风骚”达1500年之久。

古代中国的盛世有两个重要标识：

一为疆域版图特别辽阔。从汉武帝始，疆域版图就已经很辽阔了。唐朝的盛世疆域版图达1000多万平方千米。元世祖忽必烈开辟的蒙古帝国，面积约为1500多万平方千米。清康熙年间设立台湾府，使古代中国疆域版图最后定格为1300多万平方千米，包括台湾和南海诸岛。满清帝国中央政府对各地的管辖权和控制力达到了封建社会的最大值。

二为对世界文明的贡献特别巨大。16世纪以前，影响人类生活的重大科技发明约有300项，其中175项是中国人的发明。正是这些重大的发明（包括发现），使中国的农耕、纺织、冶金、手工制造技术长期处于世界先进水平。直到18世纪末期，中国的经济规模仍然是世界上最大的，相当于刚刚过去的二十世纪末期美国经济总量在世界经济总量上的比重；且对外贸易长期超出当时西方国家中最富强的英国销往中国的商品总值，尚不足以抵消中国卖给英国的茶叶一项；全世界50万以上人口的大城市当时共有10个，中国就占了6个。

16. 社会反响

专家对“中国梦”的理解：

人民日报社副总编辑陈俊宏：中国梦承接实现中华民族伟大复兴的主要内容，同时又赋予其新的内涵，我理解，至少包括五层含义。

第一，“中国梦”是中国人对于自己的国家、民族和自己个人未来前景的美好梦想，是“国家富强、民族振兴、人民幸福”，是在实现“两个一百年”奋斗目标基础上的梦想。

第二，“中国梦”靠走中国道路、弘扬中国精神、凝聚中国力量来实现，也需要两岸同胞共同来圆，是包括实现祖国完全统一的梦想。

第三，“中国梦”是坚持和平发展、坚持合作共赢、参与全球治理的梦想，是推动建设公正、民主、和谐的世界秩序的梦想。

第四，“中国梦”是维护人类文明多样性，不同文明、不同价值观相互交融和包容的梦想，是中国人为人类作出更大贡献的梦想。

第五，“中国梦”与世界和平发展紧密联系在一起。实现中国梦，不仅造福中国人民，而且造福各国人民。中国好，世界会更好；世界好，中国同样会更好。

“中国梦”与“美国梦”以及其他国家的梦并不冲突，而且是一种相互补充的关系。因此，“中国梦”不是“帝国梦”，不是“一国梦”，不是“排他梦”，更不是“霸权梦”。

17. 特征

“中国梦”的内涵，是实现国家富强、民族复兴、人民幸福、社会和谐。当代中国所处的发展阶段，决定了全面建成小康社会是“中国梦”的根本要求，相应地，“中国梦”也呈现出这个阶段的诸多重要时代特征。

一是综合国力进一步跃升的“实力特征”。“中国梦”的第一要义，就是实现综合国力进一步跃升。

二是社会和谐进一步提升的“幸福特征”。党领导全国各族人民共圆“中国梦”的根本目的，就是要实现好、维护好、发展好最广大人民的根本利益，进而提升全社会的幸福指数。提升幸福指数是项复杂的系统工程，既要考虑物质因素，又要考虑非物质因素，从根本上讲，就是要进一步提升社会和谐的水平。

三是中华文明在复兴中进一步演进的“文明特征”。中华文明是世界上唯一几千年来不断延续、传承至今的文明，但要体现现代文明色彩，就必须超越数千年来固有的农耕文明形态。

四是促进人全面发展的“价值特征”。《共产党宣言》指出，共产党人的最终目标是建立“每个人的自由发展是一切人的自由发展的条件”的“联合体”。“中国梦”具有多个维度，而其价值维度就是要实现人的全面发展。

中国梦，百姓的小康梦（即中产梦）。习近平总书记说：中国梦，归根结底是人民的梦。他说："要实现中华民族伟大复兴的中国梦，就是要实现国家富强、民族振兴、人民幸福。"中国梦是民族的梦，也是每个中国人的梦。

中国梦是追求和平的梦。中国梦需要和平，只有和平才能实现梦想。天下太平、共享大同是中华民族绵延数千年的理想。历经苦难，中国人民珍惜和平，希望同世界各国一道共谋和平、共护和平、共享和平。历史将证明，实现中国梦给世界带来的是机遇不是威胁，是和平不是动荡，是进步不是倒退。

拿破仑说过，中国是一头沉睡的狮子，当这头睡狮醒来时，世界都会为之发抖。中国这头狮子已经醒了，但这是一只和平的、可亲的、文明的狮子。

中国梦是追求幸福的梦。中国梦是中华民族的梦，也是每个中国人的梦。我们的目标就是让每个人获得发展自我和奉献社会的机会，共同享有人生出彩的机会，共同享有梦想成真的机会，保证人民平等参与、平等发展的权利，维护社会公平正义，使发展成果更多更公平地惠及全体人民，朝着共同富裕方向稳步前进。

中国梦是奉献世界的梦。"穷则独善其身，达则兼善天下。"这是中华民族始终崇尚的品德和胸怀。中国一心一意办好自己的事情，既是对自己负责，也是为世界作贡献。随着中国不断发展，中国已经并将继续尽己所能，为世界和平与发展作出自己的贡献。